DEUS CARITAS EST
GOTT IST DIE LIEBE

ENZYKLIKA

DEUS CARITAS EST
GOTT IST DIE LIEBE

VON PAPST
BENEDIKT XVI.
AN DIE BISCHÖFE
AN DIE PRIESTER UND DIAKONE
AN DIE GOTTGEWEIHTEN PERSONEN
UND AN ALLE CHRISTGLÄUBIGEN
ÜBER DIE CHRISTLICHE LIEBE

Weltbild

Weltbild Buchverlag –Originalausgaben–

Steinerne Furt 67, 86167 Augsburg

Projektleitung: Dr. Ulrike Strerath-Bolz
Umschlaggestaltung: Andrea Göttler
Umschlagabbildung: dpa/Michele Ricci
Satz: Lydia Koch
Druck und Bindung: Clausen & Bosse GmbH,
Birkstraße 10, 25917 Leck

Gedruckt auf chlorfrei gebleichtem Papier

Printed in Germany

ISBN 3-89897-479-0

Inhalt

EINFÜHRUNG

1. »Gott ist die Liebe, und wer in der Liebe bleibt, bleibt in Gott, und Gott bleibt in ihm« (*1 Joh* 4,16). In diesen Worten aus dem *Ersten Johannesbrief* ist die Mitte des christlichen Glaubens, das christliche Gottesbild und auch das daraus folgende Bild des Menschen und seines Weges in einzigartiger Klarheit ausgesprochen. Außerdem gibt uns Johannes in demselben Vers auch sozusagen eine Formel der christlichen Existenz: »Wir haben die Liebe erkannt, die Gott zu uns hat, und ihr geglaubt« (vgl. 4,16).

Wir haben der Liebe geglaubt: So kann der Christ den Grundentscheid seines Lebens ausdrücken. Am Anfang des Christseins steht nicht ein ethischer Entschluss oder eine große Idee, sondern die Begegnung mit einem Ereignis, mit einer Person, die unserem Leben einen neuen Horizont und damit seine entscheidende Richtung gibt. In seinem Evangelium hatte Johannes dieses Ereignis mit den folgenden Worten ausgedrückt: »So sehr hat Gott die Welt geliebt, dass er seinen einzigen Sohn hingab, damit jeder, der an ihn glaubt ... das ewige Leben hat« (3,16). Mit der Zentralität der Liebe hat der christliche Glaube aufgenommen, was innere Mitte von Israels Glauben war, und dieser Mitte zugleich eine neue Tiefe und Weite gegeben. Denn der gläubige Israelit betet jeden Tag die Worte aus dem *Buch Deuteronomium*, in denen er das Zentrum seiner Existenz zusammengefasst weiß: »Höre, Israel! Jahwe, unser Gott, Jahwe ist einzig. Darum sollst du den Herrn, deinen Gott, lieben mit ganzem Herzen, mit ganzer Seele und mit ganzer Kraft« (6,4–5). Jesus hat dieses Gebot der Gottesliebe mit demjenigen der Nächstenliebe aus dem *Buch Levitikus*: »Du sollst deinen Nächsten lieben wie dich selbst« (19,18) zu einem einzigen Auftrag zusammengeschlossen (vgl. *Mk* 12,29–31). Die Liebe ist nun dadurch, dass Gott uns zuerst geliebt hat (vgl. *1 Joh* 4,10), nicht mehr nur ein »Gebot«, sondern Antwort auf das Geschenk des Geliebtseins, mit dem Gott uns entgegengeht.

In einer Welt, in der mit dem Namen Gottes bisweilen die Rache oder gar die Pflicht zu Hass und Gewalt verbunden wird, ist dies eine Botschaft von hoher Aktualität und von ganz praktischer Bedeutung. Deswegen möchte ich in meiner ersten Enzyklika von der Liebe sprechen, mit der Gott uns beschenkt und die von uns weitergegeben werden soll. Damit sind bereits die beiden großen, eng miteinander verbundenen Teile dieses Schreibens vorgezeichnet. Der erste wird einen mehr spekulativen Charakter haben, da ich beabsichtige, darin – zu Beginn meines Pontifikats – einige wesentliche Punkte über die Liebe, die Gott dem Menschen in geheimnisvoller Weise und völlig vorleistungsfrei anbietet, zu klären und zugleich die innere Verbindung zwischen dieser Liebe Gottes und der Realität der menschlichen Liebe aufzuzeigen. Der zweite Teil wird konkreterer Natur sein, denn er soll die kirchliche praktische Umsetzung des Gebotes der Nächstenliebe behandeln. Das Thema erweist sich somit als sehr weitläufig; eine erschöpfende Behandlung übersteigt jedoch den Zweck dieser Enzyklika. Mein Wunsch ist es, auf einige grundlegende Elemente nachdrücklich einzugehen, um so in der Welt eine neue Lebendigkeit wachzurufen in der praktischen Antwort der Menschen auf die göttliche Liebe.

ERSTER TEIL

DIE EINHEIT DER LIEBE IN SCHÖPFUNG UND HEILSGESCHICHTE

Ein sprachliches Problem

2. Die Liebe Gottes zu uns ist eine Grundfrage des Lebens und wirft entscheidende Fragen danach auf, wer Gott ist und wer wir selber sind. Zunächst aber steht uns diesbezüglich ein sprachliches Problem im Weg. Das Wort »Liebe« ist heute zu einem der meist gebrauchten und auch missbrauchten Wörter geworden, mit dem wir völlig verschiedene Bedeutungen verbinden. Auch wenn das Thema dieses Rundschreibens sich auf die Frage nach dem Verständnis und der Praxis der Liebe gemäß der Heiligen Schrift und der Überlieferung der Kirche konzentriert, können wir doch nicht einfach von dem absehen, was dieses Wort in den verschiedenen Kulturen und im gegenwärtigen Sprachgebrauch aussagt.

Erinnern wir uns zunächst an die Bedeutungsvielfalt des Wortes »Liebe«: Wir sprechen von Vaterlandsliebe, von Liebe zum Beruf, von Liebe unter Freunden, von der Liebe zur Arbeit, von der Liebe zwischen den Eltern und ihren Kindern, zwischen Geschwistern und Verwandten, von der Liebe zum Nächsten und von der Liebe zu Gott. In dieser ganzen Bedeutungsvielfalt erscheint aber doch die Liebe zwischen Mann und Frau, in der Leib und Seele untrennbar zusammenspielen und dem Menschen eine Verheißung des Glücks aufgeht, die unwiderstehlich scheint, als der Urtypus von Liebe schlechthin, neben dem auf den ersten Blick alle anderen Arten von Liebe verblassen. Da steht die Frage auf: Gehören alle diese Formen von Liebe doch letztlich in irgendeiner Weise zusammen, und ist Liebe doch – in aller Verschiedenheit ihrer Erscheinungen – eigentlich eins, oder aber gebrauchen wir nur ein und dasselbe Wort für ganz verschiedene Wirklichkeiten?

»Eros« und »Agape« – Unterschied und Einheit

3. Der Liebe zwischen Mann und Frau, die nicht aus Denken und Wollen kommt, sondern den Menschen gleichsam übermächtigt, haben die Griechen den Namen *Eros* gegeben. Nehmen wir hier schon vorweg, dass das Alte Testament das Wort *Eros* nur zweimal gebraucht, während es im Neuen Testament überhaupt nicht vorkommt: Von den drei griechischen Wörtern für Liebe – *Eros, Philia* (Freundschaftsliebe), *Agape* – bevorzugen die neutestamentlichen Schriften das letztere, das im griechischen Sprachgebrauch nur am Rande gestanden hatte. Der Begriff der Freundschaft (*Philia*) wird dann im *Johannesevangelium* aufgegriffen und in seiner Bedeutung vertieft, um das Verhältnis zwischen Jesus und seinen Jüngern auszu-

drücken. Dieses sprachliche Beiseiteschieben von *Eros* und die neue Sicht der Liebe, die sich in dem Wort *Agape* ausdrückt, zeigt zweifellos etwas Wesentliches von der Neuheit des Christentums gerade im Verstehen der Liebe an. In der Kritik am Christentum, die sich seit der Aufklärung immer radikaler entfaltet hat, ist dieses Neue durchaus negativ gewertet worden. Das Christentum – meinte Friedrich Nietzsche – habe dem *Eros* Gift zu trinken gegeben; er sei zwar nicht daran gestorben, aber zum Laster entartet. [1] Damit drückte der deutsche Philosoph ein weit verbreitetes Empfinden aus: Vergällt uns die Kirche mit ihren Geboten und Verboten nicht das Schönste im Leben? Stellt sie nicht gerade da Verbotstafeln auf, wo uns die vom Schöpfer zugedachte Freude ein Glück anbietet, das uns etwas vom Geschmack des Göttlichen spüren lässt?

4. Aber ist es denn wirklich so? Hat das Christentum tatsächlich den *Eros* zerstört? Sehen wir in die vorchristliche Welt. Die Griechen – durchaus verwandt mit anderen Kulturen – haben im *Eros* zunächst den Rausch, die Übermächtigung der Vernunft durch eine »göttliche Raserei« gesehen, die den Menschen aus der Enge seines Daseins herausreißt und ihn in diesem Überwältigtwerden durch eine göttliche Macht die höchste Seligkeit erfahren lässt. Alle anderen Gewalten zwischen Himmel und Erde erscheinen so als zweiten Ranges: »*Omnia vincit Amor*«, sagt Vergil in den Bucolica – »die Liebe besiegt alles«. Und er fügt hinzu: »*Et nos cedamus amori*« – »weichen auch wir der Liebe«. [2] In den Religionen hat sich diese Haltung in der Form der Fruchtbarkeitskulte niederge-

schlagen, zu denen die »heilige« Prostitution gehört, die in vielen Tempeln blühte. *Eros* wurde so als göttliche Macht gefeiert, als Vereinigung mit dem Göttlichen.

Das Alte Testament hat sich dieser Art von Religion, die als übermächtige Versuchung dem Glauben an den einen Gott entgegenstand, mit aller Härte widersetzt, sie als Perversion des Religiösen bekämpft. Es hat damit aber gerade nicht dem *Eros* als solchem eine Absage erteilt, sondern seiner zerstörerischen Entstellung den Kampf angesagt. Denn die falsche Vergöttlichung des *Eros*, die hier geschieht, beraubt ihn seiner Würde, entmenschlicht ihn. Die Prostituierten im Tempel, die den Göttlichkeitsrausch schenken müssen, werden nämlich nicht als Menschen und Personen behandelt, sondern dienen nur als Objekte, um den »göttlichen Wahnsinn« herbeizuführen: Tatsächlich sind sie nicht Göttinnen, sondern missbrauchte Menschen. Deshalb ist der trunkene, zuchtlose *Eros* nicht Aufstieg, »Ekstase« zum Göttlichen hin, sondern Absturz des Menschen. So wird sichtbar, dass *Eros* der Zucht, der Reinigung bedarf, um dem Menschen nicht den Genuss eines Augenblicks, sondern einen gewissen Vorgeschmack der Höhe der Existenz zu schenken – jener Seligkeit, auf die unser ganzes Sein wartet.

5. Zweierlei ist bei diesem kurzen Blick auf das Bild des *Eros* in Geschichte und Gegenwart deutlich geworden. Zum einen, dass Liebe irgendwie mit dem Göttlichen zu tun hat: Sie verheißt Unendlichkeit, Ewigkeit – das Größere und ganz andere gegenüber

dem Alltag unseres Daseins. Zugleich aber hat sich gezeigt, dass der Weg dahin nicht einfach in der Übermächtigung durch den Trieb gefunden werden kann. Reinigungen und Reifungen sind nötig, die auch über die Straße des Verzichts führen. Das ist nicht Absage an den *Eros*, nicht seine »Vergiftung«, sondern seine Heilung zu seiner wirklichen Größe hin.

Dies liegt zunächst an der Verfasstheit des Wesens Mensch, das aus Leib und Seele gefügt ist. Der Mensch wird dann ganz er selbst, wenn Leib und Seele zu innerer Einheit finden; die Herausforderung durch den *Eros* ist dann bestanden, wenn diese Einung gelungen ist. Wenn der Mensch nur Geist sein will und den Leib sozusagen als bloß animalisches Erbe abtun möchte, verlieren Geist und Leib ihre Würde. Und wenn er den Geist leugnet und so die Materie, den Körper, als alleinige Wirklichkeit ansieht, verliert er wiederum seine Größe. Der Epikureer Gassendi redete scherzend Descartes mit »o Geist« an. Und Descartes replizierte mit »o Leib!« [3] Aber es lieben nicht Geist oder Leib – der Mensch, die Person, liebt als ein einziges und einiges Geschöpf, zu dem beides gehört. Nur in der wirklichen Einswerdung von beidem wird der Mensch ganz er selbst. Nur so kann Liebe – *Eros* – zu ihrer wahren Größe reifen.

Heute wird dem Christentum der Vergangenheit vielfach Leibfeindlichkeit vorgeworfen, und Tendenzen in dieser Richtung hat es auch immer gegeben. Aber die Art von Verherrlichung des Leibes, die wir heute erleben, ist trügerisch. Der zum »Sex« degradierte

Eros wird zur Ware, zur bloßen »Sache«; man kann ihn kaufen und verkaufen, ja, der Mensch selbst wird dabei zur Ware. In Wirklichkeit ist dies gerade nicht das große Ja des Menschen zu seinem Leib. Im Gegenteil: Er betrachtet nun den Leib und die Geschlechtlichkeit als das bloß Materielle an sich, das er kalkulierend einsetzt und ausnützt. Es erscheint nicht als Bereich seiner Freiheit, sondern als ein Etwas, das er auf seine Weise zugleich genussvoll und unschädlich zu machen versucht. In Wirklichkeit stehen wir dabei vor einer Entwürdigung des menschlichen Leibes, der nicht mehr ins Ganze der Freiheit unserer Existenz integriert, nicht mehr lebendiger Ausdruck der Ganzheit unseres Seins ist, sondern gleichsam ins bloß Biologische zurückgestoßen wird. Die scheinbare Verherrlichung des Leibes kann ganz schnell in Hass auf die Leiblichkeit umschlagen. Demgegenüber hat der christliche Glaube immer den Menschen als das zweieinige Wesen angesehen, in dem Geist und Materie ineinandergreifen und beide gerade so einen neuen Adel erfahren. Ja, *Eros* will uns zum Göttlichen hinreißen, uns über uns selbst hinausführen, aber gerade darum verlangt er einen Weg des Aufstiegs, der Verzichte, der Reinigungen und Heilungen.

6. Wie sollen wir uns diesen Weg des Aufstiegs und der Reinigungen praktisch vorstellen? Wie muss Liebe gelebt werden, damit sich ihre menschliche und göttliche Verheißung erfüllt? Einen ersten wichtigen Hinweis können wir im *Hohenlied* finden, einem der Bücher des Alten Testamentes, das den Mystikern wohlbekannt ist. Nach der gegenwärtig überwiegenden Auffassung sind die Gedichte, aus denen dieses

Buch besteht, ursprünglich Liebeslieder, die vielleicht konkret einer israelitischen Hochzeitsfeier zugedacht waren, bei der sie die eheliche Liebe verherrlichen sollten. Dabei ist sehr lehrreich, dass im Aufbau des Buches zwei verschiedene Wörter für »Liebe« stehen. Da ist zunächst das Wort »*dodim*« – ein Plural, der die noch unsichere, unbestimmt suchende Liebe meint. Dieses Wort wird dann durch »*ahaba*« abgelöst, das in der griechischen Übersetzung des Alten Testaments mit dem ähnlich klingenden Wort *Agape* übersetzt ist und – wie wir sahen – zum eigentlichen Kennwort für das biblische Verständnis von Liebe wurde. Im Gegensatz zu der noch suchenden und unbestimmten Liebe ist darin die Erfahrung von Liebe ausgedrückt, die nun wirklich Entdeckung des anderen ist und so den egoistischen Zug überwindet, der vorher noch deutlich waltete. Liebe wird nun Sorge um den anderen und für den anderen. Sie will nicht mehr sich selbst – das Versinken in der Trunkenheit des Glücks –, sie will das Gute für den Geliebten: Sie wird Verzicht, sie wird bereit zum Opfer, ja sie will es.

Zu den Aufstiegen der Liebe und ihren inneren Reinigungen gehört es, dass Liebe nun Endgültigkeit will, und zwar in doppeltem Sinn: im Sinn der Ausschließlichkeit – »nur dieser eine Mensch« – und im Sinn des »für immer«. Sie umfasst das Ganze der Existenz in allen ihren Dimensionen, auch in derjenigen der Zeit. Das kann nicht anders sein, weil ihre Verheißung auf das Endgültige zielt: Liebe zielt auf Ewigkeit. Ja, Liebe ist »Ekstase«, aber Ekstase nicht im Sinn des rauschhaften Augenblicks, sondern Ekstase als ständiger Weg aus dem in sich verschlossenen Ich zur Freigabe des Ich, zur Hingabe und so gerade zur Selbstfindung, ja, zur Findung Gottes: »Wer sein Leben zu bewahren sucht, wird es verlieren; wer es dagegen verliert, wird es gewinnen« (*Lk* 17,33), sagt Jesus – ein Wort, das in mehreren Varianten bei ihm in den Evangelien wiederkehrt (vgl. *Mt* 10,39; 16,25; *Mk* 8,35; *Lk* 9,24; *Joh* 12,25). Jesus beschreibt damit seinen eigenen Weg, der durch das Kreuz zur Auferstehung führt – den Weg des Weizenkorns, das in die Erde fällt und stirbt und so reiche Frucht trägt; aber er beschreibt darin auch das Wesen der Liebe und der menschlichen Existenz überhaupt von der Mitte seines eigenen Opfers und seiner darin sich vollendenden Liebe her.

7. Unsere zunächst mehr philosophischen Überlegungen über das Wesen von Liebe haben uns nun von selbst zum biblischen Glauben hinübergeführt. Am Anfang stand die Frage, ob denn die unterschiedenen, ja gegensätzlichen Bedeutungen des Wortes Liebe auf irgendeine innere Einheit hinweisen oder ob sie unverbunden nebeneinander stehen bleiben müssen, besonders aber die Frage, ob die uns von der Bibel und der Überlieferung der Kirche verkündete Botschaft über die Liebe mit der allgemein menschlichen Liebeserfahrung etwas zu tun habe oder ihr vielleicht gar entgegengesetzt sei. Dabei begegneten uns die beiden Grundwörter *Eros* als Darstellung der »weltlichen« Liebe und *Agape* als Ausdruck für die im Glauben gründende und von ihm geformte Liebe. Beide werden häufig auch als »aufsteigende« und »absteigende« Liebe einander entgegengestellt; verwandt damit sind andere Einteilungen wie etwa die Unter-

scheidung in begehrende und schenkende Liebe (*amor concupiscentiae* – *amor benevolentiae*), der dann manchmal auch noch die auf den Nutzen bedachte Liebe hinzugefügt wird.

In der philosophischen und theologischen Diskussion sind diese Unterscheidungen oft zu Gegensätzen hochgesteigert worden: Christlich sei die absteigende, schenkende Liebe, die *Agape*; die nichtchristliche, besonders die griechische Kultur sei dagegen von der aufsteigenden, begehrenden Liebe, dem *Eros* geprägt. Wenn man diesen Gegensatz radikal durchführte, würde das Eigentliche des Christentums aus den grundlegenden Lebenszusammenhängen des Menschseins ausgegliedert und zu einer Sonderwelt, die man dann für bewundernswert ansehen mag, die aber doch vom Ganzen der menschlichen Existenz abgeschnitten würde. In Wirklichkeit lassen sich *Eros* und *Agape* – aufsteigende und absteigende Liebe – niemals ganz voneinander trennen. Je mehr beide in unterschiedlichen Dimensionen in der einen Wirklichkeit Liebe in die rechte Einheit miteinander treten, desto mehr verwirklicht sich das wahre Wesen von Liebe überhaupt. Wenn *Eros* zunächst vor allem verlangend, aufsteigend ist – Faszination durch die große Verheißung des Glücks –, so wird er im Zugehen auf den anderen immer weniger nach sich selber fragen, immer mehr das Glück des anderen wollen, immer mehr sich um ihn sorgen, sich schenken, für ihn da sein wollen. Das Moment der *Agape* tritt in ihn ein, andernfalls verfällt er und verliert auch sein eigenes Wesen. Umgekehrt ist es aber auch dem Menschen unmöglich, einzig in der schenkenden, absteigenden

Liebe zu leben. Er kann nicht immer nur geben, er muss auch empfangen. Wer Liebe schenken will, muss selbst mit ihr beschenkt werden. Gewiss, der Mensch kann – wie der Herr uns sagt – zur Quelle werden, von der Ströme lebendigen Wassers kommen (vgl. *Joh* 7,37–38). Aber damit er eine solche Quelle wird, muss er selbst immer wieder aus der ersten, der ursprünglichen Quelle trinken – bei Jesus Christus, aus dessen geöffnetem Herzen die Liebe Gottes selber entströmt (vgl. *Joh* 19,34).

Die Väter haben diesen unlöslichen Zusammenhang von Aufstieg und Abstieg, von gottsuchendem *Eros* und von weiterschenkender *Agape* auf vielfältige Weise in der Erzählung von der Jakobsleiter symbolisiert gesehen. In diesem biblischen Text wird berichtet, dass der Patriarch Jakob im Traum über dem Stein, der ihm als Kissen diente, eine Leiter sah, die bis in den Himmel reichte und auf der Engel auf- und niederstiegen (vgl. *Gen* 28,12; *Joh* 1,51). Besonders eindrücklich ist die Auslegung dieses Traumbildes, die Papst Gregor der Große in seiner *Pastoralregel* gibt. Der rechte Hirte, so sagt er uns, muss in der Kontemplation verankert sein. Denn nur so ist ihm möglich, die Nöte der anderen in sein Innerstes aufzunehmen, so dass sie die seinen werden: »*per pietatis viscera in se infirmitatem caeterorum transferat*«.[4] Gregor verweist dabei auf Paulus, der sich hinaufreißen lässt zu den größten Geheimnissen Gottes und gerade so absteigend allen alles wird (vgl. *2 Kor* 12, 2–4; *1 Kor* 9, 22). Dazu führt er noch das Beispiel des Mose an, der immer wieder das heilige Zelt betritt und mit Gott Zwiesprache hält, um von Gott her für sein Volk da sein zu können. »Inwendig [im Zelt] wird er durch die Beschauungen nach oben gerissen, auswendig [außerhalb des Zeltes] lässt er sich von der Last der Leidenden bedrängen – *intus in contemplationem rapitur, foris infirmantium negotiis urgetur*«.[5]

8. Damit haben wir eine erste, noch recht allgemeine Antwort auf die beiden oben genannten Fragen gefunden: Im letzten ist »Liebe« eine einzige Wirklichkeit, aber sie hat verschiedene Dimensionen – es kann jeweils die eine oder andere Seite stärker hervortreten. Wo die beiden Seiten aber ganz auseinander fallen, entsteht eine Karikatur oder jedenfalls eine Kümmerform von Liebe. Und wir haben auch schon grundsätzlich gesehen, dass der biblische Glaube nicht eine Nebenwelt oder Gegenwelt gegenüber dem menschlichen Urphänomen Liebe aufbaut, sondern den ganzen Menschen annimmt, in seine Suche nach Liebe reinigend eingreift und ihm dabei neue Dimensionen eröffnet. Dieses Neue des biblischen Glaubens zeigt sich vor allem in zwei Punkten, die verdienen, hervorgehoben zu werden: im Gottesbild und im Menschenbild.

Das Neue des biblischen Glaubens

9. Da ist zunächst das neue Gottesbild. In den Kulturen, die die Welt der Bibel umgeben, bleibt das Bild von Gott und den Göttern letztlich undeutlich und widersprüchlich. Im Weg des biblischen Glaubens wird hingegen immer klarer und eindeutiger, was das Grundgebet Israels, das *Sch*^{e}*ma* in die Worte fasst: »Höre, Israel, der Herr, unser Gott, der Herr ist nur

einer« (*Dtn* 6,4). Es gibt nur einen Gott, der der Schöpfer des Himmels und der Erde und darum auch der Gott aller Menschen ist. Zweierlei ist an dieser Präzision einzigartig: dass wirklich alle anderen Götter nicht Gott sind und dass die ganze Wirklichkeit, in der wir leben, auf Gott zurückgeht, von ihm geschaffen ist. Natürlich gibt es den Schöpfungsgedanken auch anderswo, aber nur hier wird ganz klar, dass nicht irgendein Gott, sondern der einzige, wahre Gott selbst der Urheber der ganzen Wirklichkeit ist, dass sie aus der Macht seines schöpferischen Wortes stammt. Das bedeutet, dass ihm dieses sein Gebilde lieb ist, weil es ja von ihm selbst gewollt, von ihm »gemacht« ist. Damit tritt nun das zweite wichtige Element in Erscheinung: Dieser Gott liebt den Menschen. Die göttliche Macht, die Aristoteles auf dem Höhepunkt der griechischen Philosophie denkend zu erfassen suchte, ist zwar für alles Seiende Gegenstand des Begehrens und der Liebe – als Geliebtes bewegt diese Gottheit die Welt [6] –, aber sie selbst ist unbedürftig und liebt nicht, sie wird nur geliebt. Der eine Gott, dem Israel glaubt, liebt selbst. Seine Liebe ist noch dazu eine wählende Liebe: Aus allen Völkern wählt er Israel und liebt es – freilich mit dem Ziel, gerade so die ganze Menschheit zu heilen. Er liebt, und diese seine Liebe kann man durchaus als *Eros* bezeichnen, der freilich zugleich ganz *Agape* ist. [7]

Vor allem die Propheten Hosea und Ezechiel haben diese Leidenschaft Gottes für sein Volk mit kühnen erotischen Bildern beschrieben. Das Verhältnis Gottes zu Israel wird unter den Bildern der Brautschaft und der Ehe dargestellt; der Götzendienst ist daher

Ehebruch und Hurerei. Damit werden konkret, wie wir sahen, die Fruchtbarkeitskulte mit ihrem Missbrauch des *Eros* angesprochen, aber damit wird nun auch das Treueverhältnis zwischen Israel und seinem Gott beschrieben. Die Liebesgeschichte Gottes mit Israel besteht im tiefsten darin, dass er ihm die Thora gibt, das heißt, ihm die Augen auftut für das wahre Wesen des Menschen und ihm den Weg des rechten Menschseins zeigt; diese Geschichte besteht darin, dass der Mensch so in der Treue zu dem einen Gott lebend sich als Geliebten Gottes erfährt und die Freude an der Wahrheit, an der Gerechtigkeit – die Freude an Gott findet, die sein eigentliches Glück wird: »Was habe ich im Himmel außer dir? Neben dir erfreut mich nichts auf der Erde ... Ich aber – Gott nahe zu sein ist mein Glück« (*Ps* 73 [72],25. 28).

10. Der *Eros* Gottes für den Menschen ist – wie wir sagten – zugleich ganz und gar *Agape*. Nicht nur weil er ganz frei und ohne vorgängiges Verdienst geschenkt wird, sondern auch weil er verzeihende Liebe ist. Vor allem Hosea zeigt uns die weit über den Aspekt der Unverdientheit hinausreichende *Agape*-Dimension der Liebe Gottes zum Menschen. Israel hat die »Ehe« gebrochen – den Bund; Gott müsste es eigentlich richten, verwerfen. Aber gerade nun zeigt sich, dass Gott Gott ist und nicht ein Mensch: »Wie könnte ich dich preisgeben, Efraim, wie dich aufgeben, Israel? ... Mein Herz wendet sich gegen mich, mein Mitleid lodert auf. Ich will meinen glühenden Zorn nicht vollstrecken und Efraim nicht noch einmal vernichten. Denn ich bin Gott, nicht ein Mensch, der Heilige in deiner Mitte« (*Hos* 11,8–9). Die leiden-

schaftliche Liebe Gottes zu seinem Volk – zum Menschen – ist zugleich vergebende Liebe. Sie ist so groß, dass sie Gott gegen sich selbst wendet, seine Liebe gegen seine Gerechtigkeit. Der Christ sieht darin schon verborgen sich anzeigend das Geheimnis des Kreuzes: Gott liebt den Menschen so, dass er selbst Mensch wird, ihm nachgeht bis in den Tod hinein und auf diese Weise Gerechtigkeit und Liebe versöhnt.

Das philosophisch und religionsgeschichtlich Bemerkenswerte an dieser Sicht der Bibel besteht darin, dass wir einerseits sozusagen ein streng metaphysisches Gottesbild vor uns haben: Gott ist der Urquell allen Seins überhaupt; aber dieser schöpferische Ursprung aller Dinge – der *Logos*, die Urvernunft – ist zugleich ein Liebender mit der ganzen Leidenschaft wirklicher Liebe. Damit ist der *Eros* aufs Höchste geadelt, aber zugleich so gereinigt, dass er mit der *Agape* verschmilzt. Von da aus können wir verstehen, dass die Aufnahme des *Hohenliedes* in den Kanon der Heiligen Schriften sehr früh dahingehend gedeutet wurde, dass diese Liebeslieder im letzten das Verhältnis Gottes zum Menschen und des Menschen zu Gott schildern. Auf diese Weise ist das *Hohelied* in der jüdischen wie in der christlichen Literatur zu einer Quelle mystischer Erkenntnis und Erfahrung geworden, in der sich das Wesen des biblischen Glaubens ausdrückt: Ja, es gibt Vereinigung des Menschen mit Gott – der Urtraum des Menschen –, aber diese Vereinigung ist nicht Verschmelzen, Untergehen im namenlosen Ozean des Göttlichen, sondern ist Einheit, die Liebe schafft, in der beide – Gott und der Mensch – sie selbst bleiben und doch ganz eins werden: »Wer dem Herrn anhangt, wird ein Geist mit ihm«, sagt der heilige Paulus (1 *Kor* 6,17).

11. Die erste Neuheit des biblischen Glaubens liegt, wie wir sahen, im Gottesbild; die zweite, damit von innen zusammenhängende, finden wir im Menschenbild. Der Schöpfungsbericht der Bibel spricht von der Einsamkeit des ersten Menschen, Adam, dem Gott eine Hilfe zur Seite geben will. Keines von allen Geschöpfen kann dem Menschen diese ihm nötige Hilfe sein, obgleich er alle Tiere des Feldes und alle Vögel benennt und so in seinen Lebenszusammenhang einbezieht. Da bildet Gott aus einer Rippe des Mannes heraus die Frau. Nun findet Adam die Hilfe, deren er bedarf: »Das ist endlich Bein von meinem Bein und Fleisch von meinem Fleisch«. (*Gen* 2,23). Dahinter mag man Vorstellungen sehen, wie sie etwa in dem von Platon berichteten Mythos zum Vorschein kommen, der Mensch sei ursprünglich kugelgestaltig, das heißt ganz in sich selbst und sich selbst genügend gewesen, aber von Zeus zur Strafe für seinen Hochmut halbiert worden, so dass er sich nun immerfort nach der anderen Hälfte seiner selbst sehnt, nach ihr unterwegs ist, um wieder zur Ganzheit zu finden.[8] Im biblischen Bericht ist von Strafe nicht die Rede, aber der Gedanke ist doch da, dass der Mensch gleichsam unvollständig ist – von seinem Sein her auf dem Weg, im anderen zu seiner Ganzheit zu finden; dass er nur im Miteinander von Mann und Frau »ganz« wird. So schließt denn auch der biblische Bericht mit einer Prophezeiung über Adam: »Darum verlässt der Mann Vater und Mutter und bindet sich an seine Frau, und sie werden ein Fleisch« (*Gen* 2,24).

Zweierlei ist daran wichtig: Der *Eros* ist gleichsam wesensmäßig im Menschen selbst verankert; Adam ist auf der Suche und »verlässt Vater und Mutter«, um die Frau zu finden; erst gemeinsam stellen beide die Ganzheit des Menschseins dar, werden »ein Fleisch« miteinander. Nicht minder wichtig ist das zweite: Der *Eros* verweist von der Schöpfung her den Menschen auf die Ehe, auf eine Bindung, zu der Einzigkeit und Endgültigkeit gehören. So, nur so erfüllt sich seine innere Weisung. Dem monotheistischen Gottesbild entspricht die monogame Ehe. Die auf einer ausschließlichen und endgültigen Liebe beruhende Ehe wird zur Darstellung des Verhältnisses Gottes zu seinem Volk und umgekehrt: die Art, wie Gott liebt, wird zum Maßstab menschlicher Liebe. Diese feste Verknüpfung von *Eros* und Ehe in der Bibel findet kaum Parallelen in der außerbiblischen Literatur.

Jesus Christus – die fleischgewordene Liebe Gottes

12. Haben wir bisher überwiegend vom Alten Testament gesprochen, so ist doch immer schon die innere Durchdringung der beiden Testamente als der einen Schrift des christlichen Glaubens sichtbar geworden. Das eigentlich Neue des Neuen Testaments sind nicht neue Ideen, sondern die Gestalt Christi selber, der den Gedanken Fleisch und Blut, einen unerhörten Realismus gibt. Schon im Alten Testament besteht das biblisch Neue nicht einfach in Gedanken, sondern in dem unerwarteten und in gewisser Hinsicht unerhörten Handeln Gottes. Dieses Handeln Gottes nimmt seine dramatische Form nun darin an, dass Gott in

Jesus Christus selbst dem »verlorenen Schaf«, der leidenden und verlorenen Menschheit, nachgeht. Wenn Jesus in seinen Gleichnissen von dem Hirten spricht, der dem verlorenen Schaf nachgeht, von der Frau, die die Drachme sucht, von dem Vater, der auf den verlorenen Sohn zugeht und ihn umarmt, dann sind dies alles nicht nur Worte, sondern Auslegungen seines eigenen Seins und Tuns. In seinem Tod am Kreuz vollzieht sich jene Wende Gottes gegen sich selbst, in der er sich verschenkt, um den Menschen wieder aufzuheben und zu retten – Liebe in ihrer radikalsten Form. Der Blick auf die durchbohrte Seite Jesu, von dem Johannes spricht (vgl. 19,37), begreift, was Ausgangspunkt dieses Schreibens war: »Gott ist Liebe« (*1 Joh* 4,8). Dort kann diese Wahrheit angeschaut werden.

Und von dort her ist nun zu definieren, was Liebe ist. Von diesem Blick her findet der Christ den Weg seines Lebens und Liebens.

13. Diesem Akt der Hingabe hat Jesus bleibende Gegenwart verliehen durch die Einsetzung der Eucharistie während des Letzten Abendmahles. Er antizipiert seinen Tod und seine Auferstehung, indem er schon in jener Stunde den Jüngern in Brot und Wein sich selbst gibt, seinen Leib und sein Blut als das neue Manna (vgl. *Joh* 6,31–33). Wenn die antike Welt davon geträumt hatte, dass letztlich die eigentliche Nahrung des Menschen – das, wovon er als Mensch lebt – der *Logos*, die ewige Vernunft sei: Nun ist dieser *Logos* wirklich Speise für uns geworden – als Liebe. Die Eucharistie zieht uns in den Hingabeakt Jesu hinein. Wir empfangen nicht nur statisch den inkar-

nierten *Logos*, sondern werden in die Dynamik seiner Hingabe hineingenommen. Das Bild von der Ehe zwischen Gott und Israel wird in einer zuvor nicht auszudenkenden Weise Wirklichkeit: Aus dem Gegenüber zu Gott wird durch die Gemeinschaft mit der Hingabe Jesu Gemeinschaft mit seinem Leib und Blut, wird Vereinigung: Die »Mystik« des Sakraments, die auf dem Abstieg Gottes zu uns beruht, reicht weiter und führt höher, als jede mystische Aufstiegsbegegnung des Menschen reichen könnte.

14. Aber nun ist ein Weiteres zu beachten: Die »Mystik« des Sakraments hat sozialen Charakter. Denn in der Kommunion werde ich mit dem Herrn vereint wie alle anderen Kommunikanten: »Ein Brot ist es. Darum sind wir viele ein Leib, denn wir alle haben teil an dem einen Brot«, sagt der heilige Paulus (*1 Kor* 10,17). Die Vereinigung mit Christus ist zugleich eine Vereinigung mit allen anderen, denen er sich schenkt. Ich kann Christus nicht allein für mich haben, ich kann ihm zugehören nur in der Gemeinschaft mit allen, die die Seinigen geworden sind oder werden sollen. Die Kommunion zieht mich aus mir heraus zu ihm hin und damit zugleich in die Einheit mit allen Christen. Wir werden »ein Leib«, eine ineinander verschmolzene Existenz. Gottesliebe und Nächstenliebe sind nun wirklich vereint: Der fleischgewordene Gott zieht uns alle an sich. Von da versteht es sich, dass *Agape* nun auch eine Bezeichnung der Eucharistie wird: In ihr kommt die *Agape* Gottes leibhaft zu uns, um in uns und durch uns weiterzuwirken. Nur von dieser christologisch-sakramentalen Grundlage her kann man die Lehre Jesu von der Liebe recht verste-

hen. Seine Führung von Gesetz und Propheten auf das Doppelgebot der Gottes- und der Nächstenliebe hin, die Zentrierung der ganzen gläubigen Existenz von diesem Auftrag her, ist nicht bloße Moral, die dann selbständig neben dem Glauben an Christus und neben seiner Vergegenwärtigung im Sakrament stünde: Glaube, Kult und Ethos greifen ineinander als eine einzige Realität, die in der Begegnung mit Gottes *Agape* sich bildet. Die übliche Entgegensetzung von Kult und Ethos fällt hier einfach dahin: Im »Kult« selber, in der eucharistischen Gemeinschaft ist das Geliebtwerden und Weiterlieben enthalten. Eucharistie, die nicht praktisches Liebeshandeln wird, ist in sich selbst fragmentiert, und umgekehrt wird – wie wir noch ausführlicher werden bedenken müssen – das »Gebot« der Liebe überhaupt nur möglich, weil es nicht bloß Forderung ist: Liebe kann »geboten« werden, weil sie zuerst geschenkt wird.

15. Von da aus sind auch die großen Gleichnisse Jesu zu verstehen. Der reiche Prasser (vgl. *Lk* 16,19–31) fleht vom Ort der Verdammung aus darum, dass seinen Brüdern verkündet werde, wie es dem ergeht, der den Not leidenden Armen einfach übersehen hat. Jesus greift sozusagen den Notschrei auf und bringt ihn zu uns, um uns zu warnen, um uns auf den rechten Weg zu bringen. Das Gleichnis vom barmherzigen Samariter (vgl. *Lk* 10,25–37) bringt vor allem zwei wichtige Klärungen. Während der Begriff »Nächster« bisher wesentlich auf den Volksgenossen und den im Land Israel ansässig gewordenen Fremden, also auf die Solidargemeinschaft eines Landes und Volkes bezogen war, wird diese Grenze nun weggenommen:

Jeder, der mich braucht und dem ich helfen kann, ist mein Nächster. Der Begriff »Nächster« wird universalisiert und bleibt doch konkret. Er wird trotz der Ausweitung auf alle Menschen nicht zum Ausdruck einer unverbindlichen Fernstenliebe, sondern verlangt meinen praktischen Einsatz hier und jetzt. Es bleibt Aufgabe der Kirche, diese Verbindung von Weite und Nähe immer wieder ins praktische Leben ihrer Glieder hinein auszulegen. Schließlich ist hier im besonderen noch das große Gleichnis vom letzten Gericht (vgl. *Mt* 25,31–46) zu erwähnen, in dem die Liebe zum Maßstab für den endgültigen Entscheid über Wert oder Unwert eines Menschenlebens wird. Jesus identifiziert sich mit den Notleidenden: den Hungernden, den Dürstenden, den Fremden, den Nackten, den Kranken, denen im Gefängnis. »Was ihr für einen meiner geringsten Brüder getan habt, das habt ihr mir getan« (*Mt* 25,40). Gottes- und Nächstenliebe verschmelzen: Im Geringsten begegnen wir Jesus selbst, und in Jesus begegnen wir Gott.

Gottes- und Nächstenliebe

16. Nach all diesen Überlegungen über das Wesen der Liebe und ihre Deutung im biblischen Glauben bleibt eine zweifache Frage in Bezug auf unser Verhalten: Können wir Gott überhaupt lieben, den wir doch nicht sehen? Und: kann man Liebe gebieten? Gegen das Doppelgebot der Liebe gibt es den in diesen Fragen anklingenden doppelten Einwand. Keiner hat Gott gesehen – wie sollten wir ihn lieben? Und des weiteren: Liebe kann man nicht befehlen, sie ist doch ein Gefühl, das da ist oder nicht da ist, aber nicht vom

Willen geschaffen werden kann. Die Schrift scheint den ersten Einwand zu bestätigen, wenn da steht: »Wenn jemand sagt: ›Ich liebe Gott!‹, aber seinen Bruder hasst, ist er ein Lügner. Denn wer seinen Bruder nicht liebt, den er sieht, kann Gott nicht lieben, den er nicht sieht« (*1 Joh* 4,20). Aber dieser Text schließt keineswegs die Gottesliebe als etwas Unmögliches aus – im Gegenteil, sie wird im Zusammenhang des eben zitierten *Ersten Johannesbriefes* ausdrücklich verlangt. Unterstrichen wird die unlösliche Verschränkung von Gottes- und Nächstenliebe. Beide gehören so zusammen, dass die Behauptung der Gottesliebe zur Lüge wird, wenn der Mensch sich dem Nächsten verschließt oder gar ihn hasst. Man muss diesen johanneischen Vers vielmehr dahin auslegen, dass die Nächstenliebe ein Weg ist, auch Gott zu begegnen, und dass die Abwendung vom Nächsten auch für Gott blind macht.

17. In der Tat: Niemand hat Gott gesehen, so wie er in sich ist. Und trotzdem ist Gott uns nicht gänzlich unsichtbar, nicht einfach unzugänglich geblieben. Gott hat uns zuerst geliebt, sagt der zitierte *Johannesbrief* (vgl. 4,10), und diese Liebe Gottes ist unter uns erschienen, sichtbar geworden dadurch, dass er »seinen einzigen Sohn in die Welt gesandt hat, damit wir durch ihn leben« (1 *Joh* 4,9). Gott hat sich sichtbar gemacht: In Jesus können wir den Vater anschauen (vgl. *Joh* 14,9). In der Tat gibt es eine vielfältige Sichtbarkeit Gottes. In der Geschichte der Liebe, die uns die Bibel erzählt, geht er uns entgegen, wirbt um uns – bis hin zum Letzten Abendmahl, bis hin zu dem am Kreuz durchbohrten Herzen, bis hin zu den

Erscheinungen des Auferstandenen und seinen Großtaten, mit denen er durch das Wirken der Apostel die entstehende Kirche auf ihrem Weg geführt hat. Und in der weiteren Geschichte der Kirche ist der Herr nicht abwesend geblieben: Immer neu geht er auf uns zu – durch Menschen, in denen er durchscheint; durch sein Wort, in den Sakramenten, besonders in der Eucharistie. In der Liturgie der Kirche, in ihrem Beten, in der lebendigen Gemeinschaft der Gläubigen erfahren wir die Liebe Gottes, nehmen wir ihn wahr und lernen so auch, seine Gegenwart in unserem Alltag zu erkennen. Er hat uns zuerst geliebt und liebt uns zuerst; deswegen können auch wir mit Liebe antworten. Gott schreibt uns nicht ein Gefühl vor, das wir nicht herbeirufen können. Er liebt uns, lässt uns seine Liebe sehen und spüren, und aus diesem »Zuerst« Gottes kann als Antwort auch in uns die Liebe aufkeimen.

Darüber hinaus wird in diesem Prozess der Begegnung auch klar, dass Liebe nicht bloß Gefühl ist. Gefühle kommen und gehen. Das Gefühl kann eine großartige Initialzündung sein, aber das Ganze der Liebe ist es nicht. Wir haben anfangs von dem Prozess der Reinigungen und Reifungen gesprochen, durch die *Eros* ganz er selbst, Liebe im Vollsinn des Wortes wird. Zur Reife der Liebe gehört es, dass sie alle Kräfte des Menschseins einbezieht, den Menschen sozusagen in seiner Ganzheit integriert. Die Begegnung mit den sichtbaren Erscheinungen der Liebe Gottes kann in uns das Gefühl der Freude wecken, das aus der Erfahrung des Geliebtseins kommt. Aber sie ruft auch unseren Willen und unseren Verstand auf den Plan. Die Erkenntnis des lebendigen Gottes ist Weg zur

Liebe, und das Ja unseres Willens zu seinem Willen einigt Verstand, Wille und Gefühl zum ganzheitlichen Akt der Liebe. Dies ist freilich ein Vorgang, der fortwährend unterwegs bleibt: Liebe ist niemals »fertig« und vollendet; sie wandelt sich im Lauf des Lebens, reift und bleibt sich gerade dadurch treu. *Idem velle atque idem nolle* [9] – dasselbe wollen und dasselbe abweisen – das haben die Alten als eigentlichen Inhalt der Liebe definiert: das Einander-ähnlich-Werden, das zur Gemeinsamkeit des Wollens und des Denkens führt. Die Liebesgeschichte zwischen Gott und Mensch besteht eben darin, dass diese Willensgemeinschaft in der Gemeinschaft des Denkens und Fühlens wächst und so unser Wollen und Gottes Wille immer mehr ineinanderfallen: der Wille Gottes nicht mehr ein Fremdwille ist für mich, den mir Gebote von außen auferlegen, sondern mein eigener Wille aus der Erfahrung heraus, dass in der Tat Gott mir innerlicher ist als ich mir selbst.[10] Dann wächst Hingabe an Gott. Dann wird Gott unser Glück (vgl. *Ps* 73 [72], 23–28).

18. So wird Nächstenliebe in dem von der Bibel, von Jesus verkündigten Sinn möglich. Sie besteht ja darin, dass ich auch den Mitmenschen, den ich zunächst gar nicht mag oder nicht einmal kenne, von Gott her liebe. Das ist nur möglich aus der inneren Begegnung mit Gott heraus, die Willensgemeinschaft geworden ist und bis ins Gefühl hineinreicht. Dann lerne ich, diesen anderen nicht mehr bloß mit meinen Augen und Gefühlen anzusehen, sondern aus der Perspektive Jesu Christi heraus. Sein Freund ist mein Freund. Ich sehe durch das Äußere hindurch sein inneres War-

ten auf einen Gestus der Liebe – auf Zuwendung, die ich nicht nur über die dafür zuständigen Organisationen umleite und vielleicht als politische Notwendigkeit bejahe. Ich sehe mit Christus und kann dem anderen mehr geben als die äußerlich notwendigen Dinge: den Blick der Liebe, den er braucht. Hier zeigt sich die notwendige Wechselwirkung zwischen Gottes- und Nächstenliebe, von der der *Erste Johannesbrief* so eindringlich spricht. Wenn die Berührung mit Gott in meinem Leben ganz fehlt, dann kann ich im anderen immer nur den anderen sehen und kann das göttliche Bild in ihm nicht erkennen. Wenn ich aber die Zuwendung zum Nächsten aus meinem Leben ganz weglasse und nur »fromm« sein möchte, nur meine »religiösen Pflichten« tun, dann verdorrt auch die Gottesbeziehung. Dann ist sie nur noch »korrekt«, aber ohne Liebe. Nur meine Bereitschaft, auf den Nächsten zuzugehen, ihm Liebe zu erweisen, macht mich auch fühlsam Gott gegenüber. Nur der Dienst am Nächsten öffnet mir die Augen dafür, was Gott für mich tut und wie er mich liebt. Die Heiligen – denken wir zum Beispiel an die selige Theresa von Kalkutta – haben ihre Liebesfähigkeit dem Nächsten gegenüber immer neu aus ihrer Begegnung mit dem eucharistischen Herrn geschöpft, und umgekehrt hat diese Begegnung ihren Realismus und ihre Tiefe eben von ihrem Dienst an den Nächsten her gewonnen. Gottes- und Nächstenliebe sind untrennbar: Es ist nur ein Gebot. Beides aber lebt von der uns zuvorkommenden Liebe Gottes, der uns zuerst geliebt hat. So ist es nicht mehr »Gebot« von außen her, das uns Unmögliches vorschreibt, sondern geschenkte Erfahrung der Liebe von innen her, die ihrem Wesen nach sich weiter mitteilen muss. Liebe wächst durch Liebe. Sie ist »göttlich«, weil sie von Gott kommt und uns mit Gott eint, uns in diesem Einungsprozess zu einem Wir macht, das unsere Trennungen überwindet und uns eins werden lässt, so dass am Ende »Gott alles in allem« ist (vgl. *1 Kor* 15,28).

ZWEITER TEIL

CARITAS –

DAS LIEBESTUN DER KIRCHE ALS EINER »GEMEINSCHAFT DER LIEBE«

Das Liebestun der Kirche als Ausdruck der trinitarischen Liebe

19. »Wenn du die Liebe siehst, siehst du die Heiligste Dreifaltigkeit«, schrieb Augustinus.[11] In den vorangegangenen Überlegungen haben wir unseren Blick auf die geöffnete Seite Jesu, auf den, »den sie durchbohrt haben« (vgl. *Joh* 19,37; *Sach* 12,10), richten können und dabei den Plan des Vaters erkannt, der aus Liebe (vgl. *Joh* 3,16) seinen eingeborenen Sohn in die Welt gesandt hat, um den Menschen zu erlösen. In seinem Tod am Kreuz hat Jesus, wie der Evangelist berichtet, »den Geist ausgehaucht« (vgl. *Joh* 19,30) – eine Einleitung zu jener Weitergabe des Heiligen Geistes, die er nach seiner Auferstehung verwirklichen sollte (vgl. *Joh* 20,22). So erfüllte sich die Verheißung der »Ströme von lebendigem Wasser«, die dank der Ausgießung des Geistes aus dem Innern der Gläubigen fließen sollten (vgl. *Joh* 7,38–39). Der

Geist ist nämlich die innere Kraft, die ihr Herz mit dem Herzen Christi in Einklang bringt und sie bewegt, die Mitmenschen so zu lieben, wie er sie geliebt hat, als er sich niederbeugte, um den Jüngern die Füße zu waschen (vgl. *Joh* 13,1–13), und insbesondere als er für alle sein Leben hingab (vgl. *Joh* 13,1; 15,13).

Der Geist ist auch eine Kraft, die das Herz der kirchlichen Gemeinschaft verwandelt, damit sie in der Welt eine Zeugin für die Liebe des Vaters ist, der die Menschheit in seinem Sohn zu einer einzigen Familie machen will. Alles Handeln der Kirche ist Ausdruck einer Liebe, die das ganzheitliche Wohl des Menschen anstrebt: seine Evangelisierung durch das Wort und die Sakramente – ein in seinen geschichtlichen Verwirklichungen oftmals heroisches Unterfangen – und seine Förderung und Entwicklung in den verschiedenen Bereichen menschlichen Lebens und Wirkens. So ist Liebe der Dienst, den die Kirche entfaltet, um unentwegt den auch materiellen Leiden und Nöten der Menschen zu begegnen. Auf diesen Aspekt, auf diesen *Liebesdienst* möchte ich in diesem zweiten Teil der Enzyklika näher eingehen.

Das Liebestun als Auftrag der Kirche

20. Die in der Gottesliebe verankerte Nächstenliebe ist zunächst ein Auftrag an jeden einzelnen Gläubigen, aber sie ist ebenfalls ein Auftrag an die gesamte kirchliche Gemeinschaft, und dies auf all ihren Ebenen: von der Ortsgemeinde über die Teilkirche bis zur Universalkirche als ganzer. Auch die Kirche als

Gemeinschaft muss Liebe üben. Das wiederum bedingt es, dass Liebe auch der Organisation als Voraussetzung für geordnetes gemeinschaftliches Dienen bedarf. Das Bewusstsein dieses Auftrags war in der Kirche von Anfang an konstitutiv: »Alle, die gläubig geworden waren, bildeten eine Gemeinschaft und hatten alles gemeinsam. Sie verkauften Hab und Gut und gaben davon allen, jedem so viel, wie er nötig hatte« (*Apg* 2,44–45). Lukas erzählt uns das im Zusammenhang einer Art Definition der Kirche, zu deren Wesenselementen er das Festhalten an der »Lehre der Apostel« und an der »Gemeinschaft« (*koinonia*), am »Brotbrechen« und an den »Gebeten« rechnet (vgl. *Apg* 2,42). Das hier zunächst nicht weiter beschriebene Element »Gemeinschaft« (*koinonia*) wird in den vorhin zitierten Versen konkretisiert: Ihre Gemeinschaft besteht eben darin, dass die Gläubigen alles gemeinsam haben und dass es den Unterschied zwischen arm und reich unter ihnen nicht mehr gibt (vgl. auch 4,32–37). Diese radikale Form der materiellen Gemeinschaft ließ sich freilich beim Größerwerden der Kirche nicht aufrechterhalten. Der Kern, um den es ging, blieb aber bestehen: Innerhalb der Gemeinschaft der Gläubigen darf es keine Armut derart geben, dass jemandem die für ein menschenwürdiges Leben nötigen Güter versagt bleiben.

21. Eine entscheidende Stufe im Ringen um die Durchführung dieses ekklesialen Grundprinzips wird uns sichtbar in jener Wahl der sieben Männer, die der Ursprung des Diakonen-Amtes war (vgl. *Apg* 6,5–6). Hier ging es um die Ungleichheit in der täglichen Versorgung der Witwen, die zwischen dem hebräisch und

dem griechisch sprechenden Teil der Urkirche entstanden war. Die Apostel, denen vor allem »das Gebet« (Eucharistie und Liturgie) und der »Dienst am Wort« aufgetragen waren, sahen sich mit dem »Dienst an den Tischen« überfordert; sie beschlossen deshalb, bei ihrer zentralen Aufgabe zu bleiben und für die andere, in der Kirche ebenfalls nötige Aufgabe das Siebener-Gremium zu schaffen, das freilich auch keinen bloß technischen Verteilungsdienst leisten sollte: Es mussten Männer »voll Geist und Weisheit« sein (vgl. *Apg* 6,1–6). Das bedeutet, dass der Sozialdienst, den sie zu leisten hatten, ein ganz konkreter, aber zugleich durchaus geistlicher Dienst und ihr Amt daher ein wirklich geistliches Amt war, das einen der Kirche wesentlichen Auftrag – eben die geordnete Nächstenliebe – wahrnahm. Mit der Bildung dieses Siebener-Gremiums war nun die *»diakonia«* – der Dienst gemeinsamer, geordnet geübter Nächstenliebe – in der grundlegenden Struktur der Kirche selbst verankert.

22. Im Laufe der Zeit und mit der fortschreitenden Ausbreitung der Kirche wurde ihr Liebesdienst, die *Caritas*, als ein ihr wesentlicher Sektor zusammen mit der Verwaltung der Sakramente und der Verkündigung des Wortes festgelegt: Liebe zu üben für die Witwen und Waisen, für die Gefangenen, für die Kranken und Notleidenden welcher Art auch immer, gehört genauso zu ihrem Wesen wie der Dienst der Sakramente und die Verkündigung des Evangeliums. Die Kirche kann den Liebesdienst so wenig ausfallen lassen wie Sakrament und Wort. Einige Beispiele mögen genügen, um dies zu zeigen. Der Martyrer Justinus

(† ca. 155) schildert im Zusammenhang der sonntäglichen Zelebration der Christen auch deren Liebestätigkeit, die mit der Eucharistie als solcher verknüpft ist: Die Besserstehenden geben nach dem Maß ihrer Möglichkeiten, ein jeder, so viel er will; mit dem Erlös unterstützt dann der Bischof die Waisen, die Witwen und diejenigen, die aufgrund von Krankheit oder aus anderen Gründen sich in Not befinden, wie auch die Gefangenen und die Fremden.[12] Der große christliche Schriftsteller Tertullian († nach 220) erzählt, wie die Sorge der Christen für Notleidende aller Art das Staunen der Heiden hervorruft.[13] Und wenn Ignatius von Antiochien († um 117) die Kirche von Rom die »Vorsitzende in der Liebe (*Agape*)« [14] nennt, darf man wohl mit Sicherheit annehmen, dass er mit dieser Bezeichnung in gewisser Weise auch ihre konkrete Liebestätigkeit zum Ausdruck bringen wollte.

23. In diesem Zusammenhang mag ein Hinweis auf die frühen Rechtsgestalten der Liebestätigkeit der Kirche nützlich sein. Etwa Mitte des 4. Jahrhunderts nimmt in Ägypten die sogenannte »Diakonie« Gestalt an; sie ist in den einzelnen Mönchsklöstern die Einrichtung, die für die Gesamtheit der Fürsorgetätigkeit – der *Caritas* – die Verantwortung trägt. Aus diesen Anfängen entwickelt sich in Ägypten bis zum 6. Jahrhundert eine Körperschaft mit voller Rechtsfähigkeit, der der Staat sogar einen Teil des Kornes zur öffentlichen Abgabe anvertraut. In Ägypten hatte schließlich nicht nur jedes Kloster, sondern auch jede Diözese ihre Diakonie – eine Einrichtung, die sich dann sowohl im Orient wie im Westen ausbreitet. Papst Gregor der Große († 604) berichtet von der Diakonie zu Neapel.

Für Rom sind die Diakonien ab dem 7. und 8. Jahrhundert belegt; aber selbstverständlich gehörte die Fürsorgetätigkeit für die Armen und Leidenden gemäß den in der *Apostelgeschichte* entwickelten Prinzipien christlichen Lebens auch vorher schon und von Anfang an ganz wesentlich zur Kirche von Rom. Dieser Auftrag hat in der Gestalt des Diakons Laurentius († 258) seinen lebendigen Ausdruck gefunden. Die dramatische Darstellung seines Martyriums war schon dem heiligen Ambrosius († 397) bekannt und zeigt uns in ihrem Kern sicher die authentische Gestalt des Heiligen. Ihm war als dem Verantwortlichen für die römische Armenpflege nach der Verhaftung seiner Mitbrüder und des Papstes noch etwas Zeit gelassen worden, die Schätze der Kirche zu sammeln, um sie den weltlichen Instanzen abzuliefern. Laurentius verteilte die verfügbaren Mittel an die Armen und stellte diese den Machthabern als den wahren Schatz der Kirche vor.[15] Wie immer man über die historische Gewissheit solcher Details denken mag – Laurentius ist als großer Träger der kirchlichen Liebe in ihrem Gedächtnis präsent geblieben.

24. Ein Hinweis auf die Gestalt des Kaisers Julian des Apostaten († 363) kann noch einmal zeigen, wie wesentlich die organisierte und praktisch geübte Nächstenliebe für die frühe Kirche war. Julian hatte als sechsjähriges Kind die Ermordung seines Vaters, seines Bruders und anderer Verwandter durch die Palastgarde erlebt und schrieb diese Brutalität – zu Recht oder zu Unrecht – dem Kaiser Constanz zu, der sich als großer Christ ausgab. Damit war der christliche Glaube für ihn ein für alle Mal diskredi-

tiert. Als Kaiser entschloss er sich, das Heidentum, die alte römische Religion, wiederherzustellen, zugleich aber sie zu reformieren, damit sie wirklich tragende Kraft des Reiches werden könne. Dazu machte er reichlich Anleihen beim Christentum. Er richtete eine Hierarchie aus Metropoliten und Priestern ein. Die Priester sollten die Liebe zu Gott und zum Nächsten pflegen. In einem seiner Briefe [16] hatte er geschrieben, das einzige, was ihn am Christentum beeindrucke, sei die Liebestätigkeit der Kirche. Und so war für sein neues Heidentum ein entscheidender Punkt, dem Liebessystem der Kirche eine gleichartige Aktivität seiner Religion an die Seite zu stellen. Die »Galiläer«, so sagte er, hätten auf diesem Weg ihre Popularität erworben. Man müsse es ihnen gleichtun und sie noch übertreffen. Auf diese Weise bestätigte der Kaiser also, dass die praktizierte Nächstenliebe, die *Caritas*, ein entscheidendes Kennzeichen der christlichen Gemeinde, der Kirche, war.

25. An diesem Punkt halten wir zwei wesentliche Erkenntnisse aus unseren Überlegungen fest:

a) Das Wesen der Kirche drückt sich in einem dreifachen Auftrag aus: Verkündigung von Gottes Wort (*kerygma-martyria*), Feier der Sakramente (*leiturgia*), Dienst der Liebe (*diakonia*). Es sind Aufgaben, die sich gegenseitig bedingen und sich nicht voneinander trennen lassen. Der Liebesdienst ist für die Kirche nicht eine Art Wohlfahrtsaktivität, die man auch anderen überlassen könnte, sondern er gehört zu ihrem Wesen, ist unverzichtbarer Wesensausdruck ihrer selbst.[17]

b) Die Kirche ist Gottes Familie in der Welt. In dieser Familie darf es keine Notleidenden geben. Zugleich aber überschreitet *Caritas-Agape* die Grenzen der Kirche: Das Gleichnis vom barmherzigen Samariter bleibt Maßstab, gebietet die Universalität der Liebe, die sich dem Bedürftigen zuwendet, dem man »zufällig« (vgl. *Lk* 10,31) begegnet, wer immer er auch sei. Unbeschadet dieser Universalität des Liebesgebotes gibt es aber doch einen spezifisch kirchlichen Auftrag – eben den, dass in der Kirche selbst als einer Familie kein Kind Not leiden darf. In diesem Sinn gilt das Wort aus dem *Galaterbrief*: »Deshalb wollen wir, solange wir noch Zeit haben, allen Menschen Gutes tun, besonders aber den Hausgenossen des Glaubens« (6,10).

Gerechtigkeit und Liebe

26. Gegen die kirchliche Liebestätigkeit erhebt sich seit dem 19. Jahrhundert ein Einwand, der dann vor allem vom marxistischen Denken nachdrücklich entwickelt wurde. Die Armen, heißt es, bräuchten nicht Liebeswerke, sondern Gerechtigkeit. Die Liebeswerke – die Almosen – seien in Wirklichkeit die Art und Weise, wie die Besitzenden sich an der Herstellung der Gerechtigkeit vorbeidrückten, ihr Gewissen beruhigten, ihre eigene Stellung festhielten und die Armen um ihr Recht betrügen würden. Statt mit einzelnen Liebeswerken an der Aufrechterhaltung der bestehenden Verhältnisse mitzuwirken, gelte es, eine Ordnung der Gerechtigkeit zu schaffen, in der alle ihren Anteil an den Gütern der Welt erhielten und daher der Liebeswerke nicht mehr bedürften. An diesem Argu-

ment ist zugegebenermaßen einiges richtig, aber vieles auch falsch. Richtig ist, dass das Grundprinzip des Staates die Verfolgung der Gerechtigkeit sein muss und dass es das Ziel einer gerechten Gesellschaftsordnung bildet, unter Berücksichtigung des Subsidiaritätsprinzips jedem seinen Anteil an den Gütern der Gemeinschaft zu gewährleisten. Das ist auch von der christlichen Staats- und Soziallehre immer betont worden. Die Frage der gerechten Ordnung des Gemeinwesens ist – historisch betrachtet – mit der Ausbildung der Industriegesellschaft im 19. Jahrhundert in eine neue Situation eingetreten. Das Entstehen der modernen Industrie hat die alten Gesellschaftsstrukturen aufgelöst und mit der Masse der lohnabhängigen Arbeiter eine radikale Veränderung im Aufbau der Gesellschaft bewirkt, in der das Verhältnis von Kapital und Arbeit zur bestimmenden Frage wurde, die es in dieser Form bisher nicht gegeben hatte. Die Produktionsstrukturen und das Kapital waren nun die neue Macht, die, in die Hände weniger gelegt, zu einer Rechtlosigkeit der arbeitenden Massen führte, gegen die aufzustehen war.

27. Man muss zugeben, dass die Vertreter der Kirche erst allmählich wahrgenommen haben, dass sich die Frage nach der gerechten Struktur der Gesellschaft in neuer Weise stellte. Es gab Wegbereiter; einer von ihnen war zum Beispiel Bischof Ketteler von Mainz († 1877). Als Antwort auf die konkreten Nöte entstanden Zirkel, Vereinigungen, Verbände, Föderationen und vor allem neue Ordensgemeinschaften, die im 19. Jahrhundert den Kampf gegen Armut, Krankheit und Bildungsnotstand aufnahmen. Das päpstli-

che Lehramt trat im Jahr 1891 mit der von Leo XIII. veröffentlichen Enzyklika *Rerum novarum* auf den Plan. Ihr folgte 1931 die von Pius XI. vorgelegte Enzyklika *Quadragesimo anno.* Der selige Papst Johannes XXIII. veröffentlichte 1961 seine Enzyklika *Mater et Magistra*, während Paul VI. in der Enzyklika *Populorum progressio* (1967) und in dem Apostolischen Schreiben *Octogesima adveniens* (1971) nachdrücklich auf die soziale Problematik einging, wie sie sich nun besonders in Lateinamerika verschärft hatte. Mein großer Vorgänger Johannes Paul II. hat uns eine Trilogie von Sozial-Enzykliken hinterlassen: *Laborem exercens* (1981), *Sollicitudo rei socialis* (1987) sowie schließlich *Centesimus annus* (1991). So ist stetig in der Auseinandersetzung mit den je neuen Situationen und Problemen eine Katholische Soziallehre gewachsen, die in dem vom »Päpstlichen Rat für Gerechtigkeit und Frieden« 2004 vorgelegten *Kompendium der Soziallehre der Kirche* zusammenhängend dargestellt ist. Der Marxismus hatte die Weltrevolution und deren Vorbereitung als das Allheilmittel für die soziale Problematik vorgestellt: Durch die Revolution und durch die damit verbundene Vergesellschaftung der Produktionsmittel sollte – so diese Lehre – plötzlich alles anders und besser werden. Dieser Traum ist zerronnen. In der schwierigen Situation, in der wir heute gerade auch durch die Globalisierung der Wirtschaft stehen, ist die Soziallehre der Kirche zu einer grundlegenden Wegweisung geworden, die weit über die Kirche hinaus Orientierungen bietet. Angesichts der fortschreitenden Entwicklung muss an diesen Orientierungen im Dialog mit all denen, die um den Menschen und seine Welt ernstlich Sorge tragen, gemeinsam gerungen werden.

28. Um nun das Verhältnis zwischen dem notwendigen Ringen um Gerechtigkeit und dem Dienst der Liebe genauer zu klären, müssen zwei grundlegende Sachverhalte beachtet werden:

a) Die gerechte Ordnung der Gesellschaft und des Staates ist zentraler Auftrag der Politik. Ein Staat, der nicht durch Gerechtigkeit definiert wäre, wäre nur eine große Räuberbande, wie Augustinus einmal sagte: »*Remota itaque iustitia quid sunt regna nisi magna latrocinia?*«.[18] Zur Grundgestalt des Christentums gehört die Unterscheidung zwischen dem, was des Kaisers und dem, was Gottes ist (vgl. *Mt* 22,21), das heißt die Unterscheidung von Staat und Kirche oder, wie das II. Vaticanum sagt, die Autonomie des weltlichen Bereichs.[19] Der Staat darf die Religion nicht vorschreiben, sondern muss deren Freiheit und den Frieden der Bekenner verschiedener Religionen untereinander gewährleisten; die Kirche als sozialer Ausdruck des christlichen Glaubens hat ihrerseits ihre Unabhängigkeit und lebt aus dem Glauben heraus ihre Gemeinschaftsform, die der Staat achten muss. Beide Sphären sind unterschieden, aber doch aufeinander bezogen.

Gerechtigkeit ist Ziel und daher auch inneres Maß aller Politik. Die Politik ist mehr als Technik der Gestaltung öffentlicher Ordnungen: Ihr Ursprung und Ziel ist eben die Gerechtigkeit, und die ist ethischer Natur. So steht der Staat praktisch unabweisbar immer vor der Frage: Wie ist Gerechtigkeit hier und jetzt zu verwirklichen? Aber diese Frage setzt die andere, grundsätzlichere voraus: Was ist Gerechtigkeit? Dies ist eine Frage der praktischen Vernunft; aber damit die Vernunft recht funktionieren kann, muss sie immer wieder gereinigt werden, denn ihre ethische Erblindung durch das Obsiegen des Interesses und der Macht, die die Vernunft blenden, ist eine nie ganz zu bannende Gefahr.

An dieser Stelle berühren sich Politik und Glaube. Der Glaube hat gewiss sein eigenes Wesen als Begegnung mit dem lebendigen Gott – eine Begegnung, die uns neue Horizonte weit über den eigenen Bereich der Vernunft hinaus öffnet. Aber er ist zugleich auch eine reinigende Kraft für die Vernunft selbst. Er befreit sie von der Perspektive Gottes her von ihren Verblendungen und hilft ihr deshalb, besser sie selbst zu sein. Er ermöglicht der Vernunft, ihr eigenes Werk besser zu tun und das ihr Eigene besser zu sehen. Genau hier ist der Ort der Katholischen Soziallehre anzusetzen: Sie will nicht der Kirche Macht über den Staat verschaffen; sie will auch nicht Einsichten und Verhaltensweisen, die dem Glauben zugehören, denen aufdrängen, die diesen Glauben nicht teilen. Sie will schlicht zur Reinigung der Vernunft beitragen und dazu helfen, dass das, was recht ist, jetzt und hier erkannt und dann auch durchgeführt werden kann.

Die Soziallehre der Kirche argumentiert von der Vernunft und vom Naturrecht her, das heißt von dem aus, was allen Menschen wesensgemäß ist. Und sie weiß, dass es nicht Auftrag der Kirche ist, selbst diese Lehre politisch durchzusetzen: Sie will der Gewissensbildung in der Politik dienen und helfen, dass die Hellsichtigkeit für die wahren Ansprüche der Gerechtigkeit wächst und zugleich auch die Bereitschaft, von ihnen her zu handeln, selbst wenn das verbreiteten Interessenlagen widerspricht. Das bedeutet aber: Das Erbauen einer gerechten Gesellschafts- und Staatsordnung, durch die jedem das Seine wird, ist eine grundlegende Aufgabe, der sich jede Generation neu stellen muss. Da es sich um eine politische Aufgabe handelt, kann dies nicht der unmittelbare Auftrag der Kirche sein. Da es aber zugleich eine grundlegende menschliche Aufgabe ist, hat die Kirche die Pflicht, auf ihre Weise durch die Reinigung der Vernunft und durch ethische Bildung ihren Beitrag zu leisten, damit die Ansprüche der Gerechtigkeit einsichtig und politisch durchsetzbar werden.

Die Kirche kann nicht und darf nicht den politischen Kampf an sich reißen, um die möglichst gerechte Gesellschaft zu verwirklichen. Sie kann und darf nicht sich an die Stelle des Staates setzen. Aber sie kann und darf im Ringen um Gerechtigkeit auch nicht abseits bleiben. Sie muss auf dem Weg der Argumentation in das Ringen der Vernunft eintreten, und sie muss die seelischen Kräfte wecken, ohne die Gerechtigkeit, die immer auch Verzichte verlangt, sich nicht durchsetzen und nicht gedeihen kann. Die gerechte Gesellschaft kann nicht das Werk der Kirche sein, sondern muss von der Politik geschaffen werden. Aber das Mühen um die Gerechtigkeit durch eine Öffnung von Erkenntnis und Willen für die Erfordernisse des Guten geht sie zutiefst an.

b) Liebe – *Caritas* – wird immer nötig sein, auch in der gerechtesten Gesellschaft. Es gibt keine gerechte Staatsordnung, die den Dienst der Liebe überflüssig machen könnte. Wer die Liebe abschaffen will, ist dabei, den Menschen als Menschen abzuschaffen. Immer wird es Leid geben, das Tröstung und Hilfe braucht. Immer wird es Einsamkeit geben. Immer wird es auch die Situationen materieller Not geben, in denen Hilfe im Sinn gelebter Nächstenliebe nötig ist.[20] Der totale Versorgungsstaat, der alles an sich zieht, wird letztlich zu einer bürokratischen Instanz, die das Wesentliche nicht geben kann, das der leidende Mensch – jeder Mensch – braucht: die liebevolle persönliche Zuwendung. Nicht den alles regelnden und beherrschenden Staat brauchen wir, sondern den Staat, der entsprechend dem Subsidiaritätsprinzip großzügig die Initiativen anerkennt und unterstützt, die aus den verschiedenen gesellschaftlichen Kräften aufsteigen und Spontaneität mit Nähe zu den hilfsbedürftigen Menschen verbinden. Die Kirche ist eine solche lebendige Kraft: In ihr lebt die Dynamik der vom Geist Christi entfachten Liebe, die den Menschen nicht nur materielle Hilfe, sondern auch die seelische Stärkung und Heilung bringt, die oft noch nötiger ist als die materielle Unterstützung. Die Behauptung, gerechte Strukturen würden die Liebestätigkeit überflüssig machen, verbirgt tatsächlich ein materialistisches Menschenbild: den Aberglauben, der Mensch lebe »nur von Brot« (*Mt* 4,4; vgl. *Dtn* 8,3) – eine Überzeugung, die den Menschen erniedrigt und gerade das spezifisch Menschliche verkennt.

29. So können wir nun das Verhältnis zwischen dem Ringen um die gerechte Ordnung von Staat und Gesellschaft einerseits und dem gemeinschaftlich geordneten Tun der Liebe andererseits im Leben der Kirche näher bestimmen. Es hat sich gezeigt, dass der Aufbau gerechter Strukturen nicht unmittelbar Auftrag der Kirche ist, sondern der Ordnung der Politik – dem Bereich der selbstverantwortlichen Vernunft – zugehört. Die Kirche hat dabei eine mittelbare Aufgabe insofern, als ihr zukommt, zur Reinigung der Vernunft und zur Weckung der sittlichen Kräfte beizutragen, ohne die rechte Strukturen weder gebaut werden noch auf Dauer wirksam sein können.

Die unmittelbare Aufgabe, für eine gerechte Ordnung in der Gesellschaft zu wirken, kommt dagegen eigens den gläubigen Laien zu. Als Staatsbürger sind sie berufen, persönlich am öffentlichen Leben teilzunehmen. Sie können daher nicht darauf verzichten, sich einzuschalten »in die vielfältigen und verschiedenen Initiativen auf wirtschaftlicher, sozialer, gesetzgebender, verwaltungsmäßiger und kultureller Ebene, die der organischen und institutionellen Förderung des Gemeinwohls dienen«.[21] Aufgabe der gläubigen Laien ist es also, das gesellschaftliche Leben in rechter Weise zu gestalten, indem sie dessen legitime Eigenständigkeit respektieren und mit den anderen Bürgern gemäß ihren jeweiligen Kompetenzen und in eigener Verantwortung zusammenarbeiten.[22] Auch wenn die spezifischen Ausdrucksformen der kirchlichen Liebestätigkeit niemals mit der Aktivität des Staates nivelliert werden dürfen, bleibt doch unbestritten, dass die Liebe das gesamte Leben der gläubigen Laien beseelen muss und folglich auch ihr politisches Wirken im Sinne einer »sozialen Liebe« [23] prägt.

Die karitativen Organisationen der Kirche stellen dagegen ihr *opus proprium* dar, eine ihr ureigenste Aufgabe, in der sie nicht mitwirkend zur Seite steht, sondern als unmittelbar verantwortliches Subjekt selbst handelt und das tut, was ihrem Wesen entspricht. Von der Übung der Liebestätigkeit als gemeinschaftlich geordneter Aktivität der Gläubigen kann die Kirche nie dispensiert werden, und es wird andererseits auch nie eine Situation geben, in der man der praktischen Nächstenliebe jedes einzelnen Christen nicht bedürfte, weil der Mensch über die Gerechtigkeit hinaus immer Liebe braucht und brauchen wird.

Die vielfältigen Strukturen des Liebesdienstes im heutigen sozialen Umfeld

30. Bevor ich versuche, das spezifische Profil der kirchlichen Aktivitäten im Dienst des Menschen zu definieren, möchte ich nun einen Blick auf die allgemeine Lage im Ringen um Gerechtigkeit und Liebe in der heutigen Welt werfen.

a) Die Massenkommunikationsmittel haben heute unseren Planeten kleiner werden lassen, indem sie unterschiedlichste Menschen und Kulturen schnell einander erheblich näher gebracht haben. Wenngleich dieses »Zusammenleben« gelegentlich zu Unverständnis und Spannungen führt, so stellt doch die Tatsache, dass man nun die Nöte der Menschen viel direkter erfährt, vor allem einen Aufruf zur Anteilnahme an ihrer Situation und an ihren Schwierigkeiten dar. Täglich wird uns bewusst, wie viel Leid es aufgrund vielgestaltiger materieller wie auch geistiger Not in der Welt gibt, und das trotz der großen Fortschritte auf wissenschaftlichem und technischem Gebiet. Folglich ist in dieser unserer Zeit eine neue Bereitschaft gefragt, dem Not leidenden Nächsten zu helfen. Schon das Zweite Vatikanische Konzil hat das mit sehr deutlichen Worten hervorgehoben: »Heute, da die Kommunikationsmittel immer vollkommener arbeiten, die Entfernungen unter den Menschen sozusagen überwunden sind [...] kann und muss das karitative Tun alle Menschen und Nöte umfassen«.[24]

Andererseits – und das ist ein herausfordernder und zugleich ermutigender Aspekt der Globalisierung – stehen uns heute unzählige Mittel zur Verfügung, um den Not leidenden Brüdern und Schwestern humanitäre Hilfe zukommen zu lassen, nicht zuletzt die modernen Systeme zur Verteilung von Nahrung und Kleidung sowie zur Bereitstellung von Aufnahme- und Unterbringungsmöglichkeiten. So überwindet die Sorge für den Nächsten die Grenzen nationaler Gemeinschaften und ist bestrebt, ihre Horizonte auf die gesamte Welt auszuweiten. Zu Recht hat das Zweite Vatikanische Konzil hervorgehoben: »Unter den charakteristischen Zeichen unserer Zeit verdient der wachsende und unwiderstehliche Sinn für die Solidarität aller Völker besondere Beachtung«.[25] Die staatlichen Einrichtungen und die humanitären Vereinigungen unterstützen diesbezügliche Initiativen, die einen durch Beihilfen oder Steuererleichterungen, die anderen, indem sie beträchtliche Geldmittel zur Verfügung stellen. Auf diese Weise übertrifft die von der menschlichen Gemeinschaft ausgedrückte Solidarität die der Einzelnen erheblich.

b) In dieser Situation sind zahlreiche Formen der Zusammenarbeit zwischen staatlichen und kirchlichen Instanzen entstanden und gewachsen, die sich als fruchtbar erwiesen haben. Die kirchlichen Instanzen können mit der Transparenz ihres Wirkens und der treuen Erfüllung ihrer Pflicht, die Liebe zu bezeugen, auch die zivilen Instanzen mit christlichem Geist befruchten und eine wechselseitige Abstimmung fördern, die zweifellos der Wirksamkeit des karitativen Dienstes nützlich sein wird. [26] Ebenso haben sich in diesem Kontext vielfältige Organisationen mit karitativen oder philantropischen Zielen gebildet, die sich dafür einsetzen, angesichts der bestehenden politischen und sozialen Probleme unter dem humanitären Aspekt zufrieden stellende Lösungen zu erreichen. Ein wichtiges Phänomen unserer Zeit ist das Entstehen und die Ausbreitung verschiedener Formen des Volontariats (Ehrenamt), die eine Vielfalt von Dienstleistungen übernehmen. [27] An alle, die sich in unterschiedlicher Form an diesen Aktivitäten beteiligen, möchte ich ein besonderes Wort der Anerkennung und der Dankbarkeit richten. Dieser verbreitete Einsatz ist für die Jugendlichen eine Schule für das Leben, die zur Solidarität und zu der Bereitschaft erzieht, nicht einfach etwas, sondern sich selbst zu geben. Der Anti-Kultur des Todes, die sich zum Beispiel in der Droge ausdrückt, tritt damit die Liebe entgegen, die nicht sich selber sucht, sondern gerade in der Bereitschaft des Sich-Verlierens für den anderen (vgl. *Lk* 17,33 par.) sich als eine Kultur des Lebens erweist.

Auch in der katholischen Kirche und in anderen Kirchen und kirchlichen Gemeinschaften sind neue Formen karitativen Wirkens entstanden und haben sich alte mit neuer Kraft entfaltet – Formen, in denen häufig eine glückliche Verbindung von Evangelisierung und Liebeswerk gelingt. Ich möchte an dieser Stelle ausdrücklich bekräftigen, was mein großer Vorgänger Johannes Paul II. in seiner Enzyklika *Sollicitudo rei socialis* [28] geschrieben hat, als er die Bereitschaft der katholischen Kirche zur Zusammenarbeit mit den karitativen Organisationen dieser Kirchen und Gemeinschaften erklärte, da wir ja alle von der gleichen Grundmotivation ausgehend handeln und so das gleiche Ziel vor Augen haben: einen wahren Humanismus, der im Menschen das Ebenbild Gottes erkennt und ihm helfen will, ein Leben gemäß dieser seiner Würde zu verwirklichen. Die Enzyklika *Ut unum sint* hat dann noch einmal betont, dass für eine Entwicklung der Welt zum Besseren hin die gemeinsame Stimme der Christen und ihr Einsatz nötig ist, damit »der Achtung der Rechte und der Bedürfnisse aller, besonders der Armen, der Gedemütigten und der Schutzlosen zum Sieg verholfen wird«.[29] Ich möchte an dieser Stelle meine Freude darüber ausdrücken, dass dieser Wunsch in der ganzen Welt in zahlreichen Initiativen ein breites Echo gefunden hat.

Das spezifische Profil der kirchlichen Liebestätigkeit

31. Das Zunehmen vielfältiger Organisationen, die sich um den Menschen in seinen verschiedenen Nöten mühen, erklärt sich letztlich daraus, dass der Imperativ der Nächstenliebe vom Schöpfer in die Natur des Menschen selbst eingeschrieben ist. Es ist aber auch ein Ergebnis der Gegenwart des Christentums in der Welt, die diesen in der Geschichte oft tief verdunkelten Imperativ immer wieder weckt und zur Wirkung bringt: Das Reformheidentum von Kaiser Julian dem Apostaten ist für diese Wirkung nur ein frühes Beispiel. In diesem Sinn reicht die Kraft des Christentums weit über die Grenzen des christlichen Glaubens hinaus. Um so wichtiger ist es, dass das kirchliche Liebeshandeln seine volle Leuchtkraft behält und nicht einfach als eine Variante im allgemeinen Wohlfahrtswesen aufgeht. Was sind nun die konstitutiven Elemente, die das Wesen christlicher und kirchlicher Liebestätigkeit bilden?

a) Nach dem Vorbild, das das Gleichnis vom barmherzigen Samariter uns vor Augen stellt, ist christliche Liebestätigkeit zunächst einfach die Antwort auf das, was in einer konkreten Situation unmittelbar Not tut: Die Hungrigen müssen gespeist, die Nackten gekleidet, die Kranken auf Heilung hin behandelt, die Gefangenen besucht werden usw. Die karitativen Organisationen der Kirche – angefangen bei denen der (diözesanen, nationalen und internationalen) »Caritas« – müssen das ihnen Mögliche tun, damit die Mittel dafür und vor allem die Menschen bereitstehen, die solche Aufgaben übernehmen. Was nun den Dienst der Menschen an den Leidenden betrifft, so ist zunächst berufliche Kompetenz nötig: Die Helfer müssen so ausgebildet sein, dass sie das Rechte auf rechte Weise tun und dann für die weitere Betreuung Sorge tragen können. Berufliche Kompetenz ist eine erste, grundlegende Notwendigkeit, aber sie allein genügt nicht. Es geht ja um Menschen, und Menschen brauchen immer mehr als eine bloß technisch richtige Behandlung. Sie brauchen Menschlichkeit. Sie brauchen die Zuwendung des Herzens. Für alle, die in den karitativen Organisationen der Kirche tätig sind, muss es kennzeichnend sein, dass sie nicht bloß auf gekonnte Weise das jetzt Anstehende tun, sondern sich dem andern mit dem Herzen zuwenden, so dass dieser ihre menschliche Güte zu spüren bekommt. Deswegen brauchen diese Helfer neben und mit der beruflichen Bildung vor allem Herzensbildung: Sie müssen zu jener Begegnung mit Gott in Christus geführt werden, die in ihnen die Liebe weckt und ihnen das Herz für den Nächsten öffnet, so dass Nächstenliebe für sie nicht mehr ein sozusagen von außen auferlegtes Gebot ist, sondern Folge ihres Glaubens, der in der Liebe wirksam wird (vgl. *Gal* 5,6).

b) Das christliche Liebeshandeln muss unabhängig sein von Parteien und Ideologien. Es ist nicht ein Mittel ideologisch gesteuerter Weltveränderung und steht nicht im Dienst weltlicher Strategien, sondern ist hier und jetzt Vergegenwärtigung der Liebe, deren der Mensch immer bedarf. Die Neuzeit ist vor allem seit dem 19. Jahrhundert beherrscht von verschiedenen Variationen einer Philosophie des Fortschritts, deren radikalste Form der Marxismus darstellt. Zur marxistischen Strategie gehört die Verelendungstheorie. Sie behauptet, wer in einer Situation ungerechter Herrschaft dem Menschen karitativ helfe, stelle sich faktisch in den Dienst des bestehenden Unrechtssystems, indem er es scheinbar, wenigstens bis zu einem gewissen Grad, erträglich mache. So werde das revolutionäre Potential gehemmt und damit der Umbruch zur besseren Welt aufgehalten. Deswegen wird karitativer Einsatz als systemstabilisierend denunziert und angegriffen. In Wirklichkeit ist dies eine Philosophie der Unmenschlichkeit. Der jetzt lebende Mensch wird dem Moloch Zukunft geopfert, einer Zukunft, deren wirkliches Heraufkommen zumindest zweifelhaft bleibt. In Wahrheit kann die Menschlichkeit der Welt nicht dadurch gefördert werden, dass man sie einstweilen stilllegt. Zu einer besseren Welt trägt man nur bei, indem man selbst jetzt das Gute tut, mit aller Leidenschaft und wo immer die Möglichkeit besteht, unabhängig von Parteistrategien und -programmen. Das Programm des Christen – das Programm des barmherzigen Samariters, das Programm Jesu – ist das »sehende Herz«. Dieses Herz sieht, wo Liebe Not tut, und handelt danach. Wenn die karitative Aktivität von der Kirche als gemeinschaftliche Initiative ausgeübt wird, sind über die Spontaneität des einzelnen hinaus selbstverständlich auch Planung, Vorsorge und Zusammenarbeit mit anderen ähnlichen Einrichtungen notwendig.

c) Außerdem darf praktizierte Nächstenliebe nicht Mittel für das sein, was man heute als Proselytismus bezeichnet. Die Liebe ist umsonst; sie wird nicht getan, um damit andere Ziele zu erreichen.[30] Das bedeutet aber nicht, dass das karitative Wirken sozusagen Gott und Christus beiseite lassen müsste. Es ist ja immer der ganze Mensch im Spiel. Oft ist gerade die Abwesenheit Gottes der tiefste Grund des Leidens. Wer im Namen der Kirche karitativ wirkt, wird niemals dem anderen den Glauben der Kirche aufzudrängen versuchen. Er weiß, dass die Liebe in ihrer Reinheit und Absichtslosigkeit das beste Zeugnis für den Gott ist, dem wir glauben und der uns zur Liebe treibt. Der Christ weiß, wann es Zeit ist, von Gott zu reden, und wann es recht ist, von ihm zu schweigen und nur einfach die Liebe reden zu lassen. Er weiß, dass Gott Liebe ist (vgl. *1 Joh* 4,8) und gerade dann gegenwärtig wird, wenn nichts als Liebe getan wird. Er weiß – um auf die vorhin gestellten Fragen zurückzukommen –, dass die Verächtlichmachung der Liebe eine Verächtlichmachung Gottes und des Menschen ist – der Versuch, ohne Gott auszukommen. Daher besteht die beste Verteidigung Gottes und des Menschen eben in der Liebe. Aufgabe der karitativen Organisationen der Kirche ist es, dieses Bewusstsein in ihren Vertretern zu kräftigen, so dass sie durch ihr Tun wie durch ihr Reden, ihr Schweigen, ihr Beispiel glaubwürdige Zeugen Christi werden.

Die Träger des karitativen Handelns der Kirche

32. Schließlich müssen wir uns noch den bereits erwähnten Trägern des karitativen Handelns der Kirche zuwenden. In den bisherigen Überlegungen ist schon klar geworden, dass das eigentliche Subjekt der verschiedenen katholischen Organisationen, die einen

karitativen Dienst leisten, die Kirche selber ist, und zwar auf allen Ebenen, angefangen von den Pfarreien über die Teilkirchen bis zur Universalkirche. Deshalb war es durchaus angebracht, dass mein verehrter Vorgänger Paul VI. den »Päpstlichen Rat *Cor unum*« als eine für die Orientierung und Koordination der von der Kirche geförderten karitativen Organisationen und Aktivitäten verantwortliche Instanz des Heiligen Stuhls eingerichtet hat. Der bischöflichen Struktur der Kirche entspricht es, dass dann in den Teilkirchen die Bischöfe als Nachfolger der Apostel die erste Verantwortung dafür tragen, dass das Programm der *Apostelgeschichte* (vgl. 2,42–44) auch heute realisiert wird: Kirche als Familie Gottes muss heute wie gestern ein Ort der gegenseitigen Hilfe sein und zugleich ein Ort der Dienstbereitschaft für alle der Hilfe Bedürftigen, auch wenn diese nicht zur Kirche gehören. Bei der Bischofsweihe gehen dem eigentlichen Weiheakt Fragen an den Kandidaten voraus, in denen die wesentlichen Elemente seines Dienstes angesprochen und ihm die Pflichten seines zukünftigen Amtes vorgestellt werden. In diesem Zusammenhang verspricht der zu Weihende ausdrücklich, »um des Herrn willen den Armen und den Heimatlosen und allen Notleidenden gütig zu begegnen und zu ihnen barmherzig zu sein«.[31] Der *Codex des Kanonischen Rechts* (C.I.C.) behandelt in den *Canones* über das Bischofsamt die karitative Aktivität nicht ausdrücklich als eigenen Sektor des bischöflichen Wirkens, sondern spricht nur ganz allgemein von dem Auftrag des Bischofs, die verschiedenen apostolischen Werke unter Wahrung ihres je eigenen Charakters zu koordinieren.[32] Kürzlich hat jedoch das *Direktori-*

um für den pastoralen Dienst der Bischöfe die Pflicht zu karitativem Tun als Wesensauftrag der Kirche im ganzen und des Bischofs in seiner Diözese konkreter entfaltet [33] und hervorgehoben, dass der Liebesdienst ein Akt der Kirche als solcher ist und dass er ebenso wie der Dienst am Wort und an den Sakramenten einen Wesensteil ihres grundlegenden Auftrags darstellt. [34]

33. Was die Mitarbeiter betrifft, die praktisch das Werk der Nächstenliebe in der Kirche tun, so ist das Wesentliche schon gesagt worden: Sie dürfen sich nicht nach den Ideologien der Weltverbesserung richten, sondern müssen sich von dem Glauben führen lassen, der in der Liebe wirksam wird (vgl. *Gal* 5,6). Sie müssen daher zuallererst Menschen sein, die von der Liebe Christi berührt sind, deren Herz Christus mit seiner Liebe gewonnen und darin die Liebe zum Nächsten geweckt hat. Ihr Leitwort sollte der Satz aus dem *Zweiten Korintherbrief* sein: »Die Liebe Christi drängt uns« (5,14). Die Erkenntnis, dass in ihm Gott selbst sich für uns verschenkt hat bis in den Tod hinein, muss uns dazu bringen, nicht mehr für uns selber zu leben, sondern für ihn und mit ihm für die anderen. Wer Christus liebt, liebt die Kirche und will, dass sie immer mehr Ausdruck und Organ seiner Liebe sei. Der Mitarbeiter jeder katholischen karitativen Organisation will mit der Kirche und daher mit dem Bischof dafür arbeiten, dass sich die Liebe Gottes in der Welt ausbreitet. Er will durch sein Teilnehmen am Liebestun der Kirche Zeuge Gottes und Christi sein und gerade darum absichtslos den Menschen Gutes tun.

34. Das innere Offensein für die katholische Dimension der Kirche wird in dem Mitarbeiter zwangsläufig die Bereitschaft fördern, sich mit den anderen Organisationen im Dienst an den verschiedenen Formen der Bedürftigkeit abzustimmen; das muss jedoch unter Berücksichtigung des spezifischen Profils des Dienstes geschehen, den Christus von seinen Jüngern erwartet. In seinem Hymnus auf die Liebe lehrt uns der heilige Paulus (*1 Kor* 13), dass Liebe immer mehr ist als bloße Aktion: »Wenn ich meine ganze Habe verschenkte und wenn ich meinen Leib dem Feuer übergäbe, hätte aber die Liebe nicht, nützte es mir nichts« (V. 3). Dieser Hymnus muss die *Magna Charta* allen kirchlichen Dienens sein; in ihm sind alle Überlegungen zusammengefasst, die ich im Laufe dieses Schreibens über die Liebe entwickelt habe. Die praktische Aktion bleibt zu wenig, wenn in ihr nicht die Liebe zum Menschen selbst spürbar wird, die sich von der Begegnung mit Christus nährt. Das persönliche, innere Teilnehmen an der Not und am Leid des anderen wird so Teilgabe meiner selbst für ihn: Ich muss dem anderen, damit die Gabe ihn nicht erniedrigt, nicht nur etwas von mir, sondern mich selbst geben, als Person darin anwesend sein.

35. Dieses rechte Dienen macht den Helfer demütig. Er setzt sich nicht in eine höhere Position dem andern gegenüber, wie armselig dessen Situation im Augenblick auch sein mag. Christus hat den letzten Platz in der Welt – das Kreuz – eingenommen, und gerade mit dieser radikalen Demut hat er uns erlöst und hilft uns fortwährend. Wer in der Lage ist zu helfen, erkennt, dass gerade so auch ihm selber geholfen wird und dass

es nicht sein Verdienst und seine Größe ist, helfen zu können. Dieser Auftrag ist Gnade. Je mehr einer für die anderen wirkt, desto mehr wird er das Wort Christi verstehen und sich zueignen: »Unnütze Knechte sind wir« (*Lk* 17,10). Denn er erkennt, dass er nicht aufgrund eigener Größe oder Leistung handelt, sondern weil der Herr es ihm gibt. Manchmal kann ihm das Übermaß der Not und die Grenze seines eigenen Tuns Versuchung zur Mutlosigkeit werden. Aber gerade dann wird ihm helfen zu wissen, dass er letzten Endes nur Werkzeug in der Hand des Herrn ist, er wird sich von dem Hochmut befreien, selbst und aus Eigenem die nötige Verbesserung der Welt zustande bringen zu müssen. Er wird in Demut das tun, was ihm möglich ist, und in Demut das andere dem Herrn überlassen. Gott regiert die Welt, nicht wir. Wir dienen ihm nur, soweit wir können und er uns die Kraft dazu gibt. Mit dieser Kraft freilich alles zu tun, was wir vermögen, ist der Auftrag, der den rechten Diener Jesu Christi gleichsam immerfort in Bewegung hält: »Die Liebe Christi drängt uns« (*2 Kor* 5,14).

36. Die Erfahrung der Endlosigkeit der Not kann uns einerseits in die Ideologie treiben, die vorgibt, nun das zu tun, was Gottes Weltregierung allem Anschein nach nicht ausrichtet – die universale Lösung des Ganzen. Sie kann andererseits Versuchung zur Trägheit werden, weil es scheint, da wäre ja doch nichts zu erreichen. In dieser Situation ist der lebendige Kontakt mit Christus die entscheidende Hilfe, um auf dem rechten Weg zu bleiben: weder in menschenverachtenden Hochmut zu verfallen, der nicht wirklich aufbaut, sondern vielmehr zerstört, noch sich der

Resignation anheimzugeben, die verhindern würde, sich von der Liebe führen zu lassen und so dem Menschen zu dienen. Das Gebet als die Weise, immer neu von Christus her Kraft zu holen, wird hier zu einer ganz praktischen Dringlichkeit. Wer betet, vertut nicht seine Zeit, selbst wenn die Situation alle Anzeichen der Dringlichkeit besitzt und einzig zum Handeln zu treiben scheint. Die Frömmigkeit schwächt nicht den Kampf gegen die Armut oder sogar das Elend des Nächsten. Die selige Theresa von Kalkutta ist ein sehr offenkundiges Beispiel dafür, dass die Gott im Gebet gewidmete Zeit dem tatsächlichen Wirken der Nächstenliebe nicht nur nicht schadet, sondern in Wirklichkeit dessen unerschöpfliche Quelle ist. In ihrem Brief zur Fastenzeit 1996 schrieb die Selige an ihre Mitarbeiter im Laienstand: »Wir brauchen diese innige Verbindung zu Gott in unserem Alltagsleben. Und wie können wir sie erhalten? Durch das Gebet.«

37. Es ist Zeit, angesichts des Aktivismus und des drohenden Säkularismus vieler in der karitativen Arbeit beschäftigter Christen die Bedeutung des Gebetes erneut zu bekräftigen. Der betende Christ bildet sich selbstverständlich nicht ein, Gottes Pläne zu ändern, oder zu verbessern, was Gott vorgesehen hat. Er sucht vielmehr die Begegnung mit dem Vater Jesu Christi und bittet, dass er mit dem Trost seines Geistes in ihm und in seinem Wirken gegenwärtig sei. Die Vertrautheit mit dem persönlichen Gott und die Hingabe an seinen Willen verhindern, dass der Mensch Schaden nimmt, und bewahren ihn vor den Fängen fanatischer und terroristischer Lehren. Eine echt religiöse Grundhaltung vermeidet, dass der Mensch sich zum

Richter Gottes erhebt und ihn anklagt, das Elend zuzulassen, ohne Mitleid mit seinen Geschöpfen zu verspüren. Wer sich aber anmaßt, unter Berufung auf die Interessen des Menschen gegen Gott zu kämpfen – auf wen soll er sich verlassen, wenn das menschliche Handeln sich als machtlos erweist?

38. Natürlich kann Ijob sich bei Gott beklagen über das unbegreifliche und augenscheinlich nicht zu rechtfertigende Leiden, das in der Welt existiert. So sagt er in seinem Schmerz: »Wüsste ich doch, wie ich ihn finden könnte, gelangen könnte zu seiner Stätte! ... Wissen möchte ich die Worte, die er mir entgegnet, erfahren, was er zu mir sagt. Würde er in der Fülle der Macht mit mir streiten? ... Darum erschrecke ich vor seinem Angesicht; denk' ich daran, gerate ich in Angst vor ihm. Gott macht mein Herz verzagt, der Allmächtige versetzt mich in Schrecken« (23,3.5–6.15–16). Oft ist es uns nicht gegeben, den Grund zu kennen, warum Gott seinen Arm zurückhält, anstatt einzugreifen. Im Übrigen verbietet er uns nicht einmal, wie Jesus am Kreuz zu schreien: »Mein Gott, mein Gott, warum hast du mich verlassen?« (*Mt* 27,46). In betendem Dialog sollten wir mit dieser Frage vor seinem Angesicht ausharren: »Wie lange zögerst du noch, Herr, du Heiliger und Wahrhaftiger?« (*Offb* 6,10). Augustinus gibt auf dieses unser Leiden die Antwort aus dem Glauben: »*Si comprehendis, non est Deus* – Wenn du ihn verstehst, dann ist er nicht Gott.«[35] Unser Protest will Gott nicht herausfordern, noch ihm Irrtum, Schwäche oder Gleichgültigkeit unterstellen. Dem Glaubenden ist es unmöglich zu denken, Gott sei machtlos, oder aber

er »schlafe« (vgl. *1 Kön 18,27*). Vielmehr trifft zu, dass sogar unser Schreien, wie das Jesu am Kreuz, die äußerste und tiefste Bestätigung unseres Glaubens an seine Souveränität ist. Christen glauben nämlich trotz aller Unbegreiflichkeiten und Wirrnisse ihrer Umwelt weiterhin an die »Güte und Menschenliebe Gottes« (*Tit* 3,4). Obwohl sie wie alle anderen Menschen eingetaucht sind in die dramatische Komplexität der Ereignisse der Geschichte, bleiben sie gefestigt in der Hoffnung, dass Gott ein Vater ist und uns liebt, auch wenn uns sein Schweigen unverständlich bleibt.

39. Glaube, Hoffnung und Liebe gehören zusammen. Die Hoffnung artikuliert sich praktisch in der Tugend der Geduld, die im Guten auch in der scheinbaren Erfolglosigkeit nicht nachlässt, und in der Tugend der Demut, die Gottes Geheimnis annimmt und ihm auch im Dunklen traut. Der Glaube zeigt uns den Gott, der seinen Sohn für uns hingegeben hat, und gibt uns so die überwältigende Gewissheit, dass es wahr ist: Gott ist Liebe! Auf diese Weise verwandelt er unsere Ungeduld und unsere Zweifel in Hoffnungsgewissheit, dass Gott die Welt in Händen hält und dass er trotz allen Dunkels siegt, wie es in ihren erschütternden Bildern zuletzt strahlend die *Geheime Offenbarung* zeigt. Der Glaube, das Innewerden der Liebe Gottes, die sich im durchbohrten Herzen Jesu am Kreuz offenbart hat, erzeugt seinerseits die Liebe. Sie ist das Licht – letztlich das einzige –, das eine dunkle Welt immer wieder erhellt und uns den Mut zum Leben und zum Handeln gibt. Die Liebe ist möglich, und wir können sie tun, weil wir nach Got-

tes Bild geschaffen sind. Die Liebe zu verwirklichen und damit das Licht Gottes in die Welt einzulassen – dazu möchte ich mit diesem Rundschreiben einladen.

SCHLUSS

40. Schauen wir zuletzt hin auf die Heiligen, auf die, welche die Liebe in beispielhafter Weise verwirklicht haben. Im besonderen denken wir dabei an Martin von Tours († 397), den Soldaten, der später Mönch und Bischof wurde: Wie eine Ikone verdeutlicht er den unersetzlichen Wert des individuellen Liebes-Zeugnisses. Vor den Toren von Amiens teilt Martin seinen Mantel mit einem Armen. In der folgenden Nacht erscheint ihm, mit diesem Mantel bekleidet, Jesus selbst im Traum, um die ewige Gültigkeit der Worte aus dem Evangelium zu bestätigen: »Ich war nackt, und ihr habt mir Kleidung gegeben ... Was ihr für einen meiner geringsten Brüder getan habt, das habt ihr mir getan (*Mt* 25,36.40).[36] Doch wie viele weitere Zeugnisse der Liebe könnte man aus der Geschichte der Kirche noch anführen! Einen besonderen Ausdruck findet sie in dem beachtlichen Dienst praktizierter Nächstenliebe, den die gesamte monastische Bewegung von ihren Anfängen mit dem hl. Abt Antonius († 356) an verwirklicht. In der Begegnung »von Angesicht zu Angesicht« mit dem Gott, der die Liebe ist, spürt der Mönch den dringenden Anspruch, sein ganzes Leben in Dienst zu verwandeln – in Dienst an Gott und Dienst am Nächsten. So sind die großen Hospize, Kranken- und Armenhäuser zu

erklären, die neben den Klöstern entstanden sind. Und so erklären sich auch die großen Initiativen für den menschlichen Fortschritt und die christliche Erziehung, die vor allem den Ärmsten zugedacht sind; ihrer haben sich zuerst die monastischen Orden und die Bettelorden angenommen und dann, die ganze Geschichte der Kirche hindurch, die verschiedenen männlichen und weiblichen Ordensinstitute. Heiligengestalten wie Franz von Assisi, Ignatius von Loyola, Johannes von Gott, Kamillus von Lellis, Vinzenz von Paul, Louise de Marillac, Giuseppe B. Cottolengo, Johannes Bosco, Luigi Orione und Theresa von Kalkutta – um nur einige zu nennen – sind berühmte Vorbilder sozialer Liebestätigkeit für alle Menschen guten Willens. Die Heiligen sind die wahren Lichtträger der Geschichte, weil sie Menschen des Glaubens, der Hoffnung und der Liebe sind.

41. Herausragend unter den Heiligen ist Maria, die Mutter des Herrn, Spiegel aller Heiligkeit. Im *Lukasevangelium* sehen wir sie in einem Liebesdienst an ihrer Kusine Elisabeth, bei der sie »etwa drei Monate« bleibt (1,56), um ihr in der Endphase ihrer Schwangerschaft beizustehen. »*Magnificat anima mea Dominum*«, sagt sie bei diesem Besuch – »Meine Seele macht den Herrn groß« – (*Lk* 1,46) und drückt damit das ganze Programm ihres Lebens aus: nicht sich in den Mittelpunkt stellen, sondern Raum schaffen für Gott, dem sie sowohl im Gebet als auch im Dienst am Nächsten begegnet – nur dann wird die Welt gut. Maria ist groß eben deshalb, weil sie nicht sich, sondern Gott groß machen will. Sie ist demütig: Sie will nichts anderes sein als Dienerin des Herrn

(vgl. *Lk* 1,38.48). Sie weiß, dass sie nur dadurch zum Heil der Welt beiträgt, dass sie nicht ihr eigenes Werk vollbringen will, sondern sich dem Wirken Gottes ganz zur Verfügung stellt. Sie ist eine Hoffende: Nur weil sie den Verheißungen Gottes glaubt und auf das Heil Israels wartet, kann der Engel zu ihr kommen und sie für den entscheidenden Dienst an diesen Verheißungen berufen. Sie ist eine Glaubende: »Selig bist du, weil du geglaubt hast«, sagt Elisabeth zu ihr (vgl. *Lk* 1,45). Das *Magnifikat* – gleichsam ein Porträt ihrer Seele – ist ganz gewoben aus Fäden der Heiligen Schrift, aus den Fäden von Gottes Wort. So wird sichtbar, dass sie im Wort Gottes wirklich zu Hause ist, darin aus- und eingeht. Sie redet und denkt mit dem Wort Gottes; das Wort Gottes wird zu ihrem Wort, und ihr Wort kommt vom Wort Gottes her. So ist auch sichtbar, dass ihre Gedanken Mitdenken mit Gottes Gedanken sind, dass ihr Wollen Mitwollen mit dem Willen Gottes ist. Weil sie zuinnerst von Gottes Wort durchdrungen war, konnte sie Mutter des fleischgewordenen Wortes werden. Endlich: Maria ist eine Liebende. Wie könnte es anders sein? Als Glaubende und im Glauben mit Gottes Gedanken denkend, mit Gottes Willen wollend kann sie nur eine Liebende sein. Wir ahnen es an den leisen Gebärden, von denen uns die Kindheitsgeschichten aus dem Evangelium erzählen. Wir sehen es in der Diskretion, mit der sie in Kana die Not der Brautleute wahrnimmt und zu Jesus trägt. Wir sehen es in der Demut, mit der sie die Zurückstellung in der Zeit des öffentlichen Lebens annimmt – wissend, dass der Sohn nun eine neue Familie gründen muss und dass die Stunde der Mutter erst wieder sein wird im Augenblick des Kreuzes, der ja die wahre Stunde Jesu ist (vgl. *Joh* 2,4; 13,1). Dann, wenn die Jünger geflohen sind, wird sie es sein, die unter dem Kreuz steht (vgl. *Joh* 19,25–27); und später, in der Stunde von Pfingsten, werden die Jünger sich um sie scharen in der Erwartung des Heiligen Geistes (vgl. *Apg* 1,14).

42. Zum Leben der Heiligen gehört nicht bloß ihre irdische Biographie, sondern ihr Leben und Wirken von Gott her nach ihrem Tod. In den Heiligen wird es sichtbar: Wer zu Gott geht, geht nicht weg von den Menschen, sondern wird ihnen erst wirklich nahe. Nirgends sehen wir das mehr als an Maria. Das Wort des Gekreuzigten an den Jünger, an Johannes und durch ihn hindurch an alle Jünger Jesu: »Siehe da, deine Mutter« (*Joh* 19,27), wird durch alle Generationen hindurch immer neu wahr. Maria ist in der Tat zur Mutter aller Glaubenden geworden. Zu ihrer mütterlichen Güte wie zu ihrer jungfräulichen Reinheit und Schönheit kommen die Menschen aller Zeiten und aller Erdteile in ihren Nöten und ihren Hoffnungen, in ihren Freuden und Leiden, in ihren Einsamkeiten wie in der Gemeinschaft. Und immer erfahren sie das Geschenk ihrer Güte, erfahren sie die unerschöpfliche Liebe, die sie aus dem Grund ihres Herzens austeilt. Die Zeugnisse der Dankbarkeit, die ihr in allen Kontinenten und Kulturen erbracht werden, sind die Anerkennung jener reinen Liebe, die nicht sich selber sucht, sondern nur einfach das Gute will. Die Verehrung der Gläubigen zeigt zugleich das untrügliche Gespür dafür, wie solche Liebe möglich wird: durch die innerste Einung mit Gott, durch das Durchdrungensein von ihm, das denjenigen, der aus dem Brun-

nen von Gottes Liebe getrunken hat, selbst zum Quell werden lässt, »von dem Ströme lebendigen Wassers ausgehen« (vgl. *Joh* 7,38). Maria, die Jungfrau, die Mutter, zeigt uns, was Liebe ist und von wo sie ihren Ursprung, ihre immer erneuerte Kraft nimmt. Ihr vertrauen wir die Kirche, ihre Sendung im Dienst der Liebe an:

Heilige Maria, Mutter Gottes,
du hast der Welt
das wahre Licht geschenkt,
Jesus, deinen Sohn – Gottes Sohn.
Du hast dich ganz
dem Ruf Gottes überantwortet
und bist so zum Quell der Güte geworden,
die aus ihm strömt.
Zeige uns Jesus. Führe uns zu ihm.
Lehre uns ihn kennen und ihn lieben,
damit auch wir selbst
wahrhaft Liebende
und Quelle lebendigen Wassers
werden können
inmitten einer dürstenden Welt.

Gegeben zu Rom, Sankt Peter, am 25. Dezember, dem Hochfest der Geburt des Herrn, im Jahr 2005, dem ersten des Pontifikats.

BENEDICTUS PP. XVI

Anmerkungen

[1] Vgl. *Jenseits von Gut und Böse*, IV, 168.

[2] X, 69.

[3] Vgl. R. Descartes, *Œvres*, hrsg. von V. Cousin, Bd. 12, Paris 1824, S. 95 ff.

[4] II, 5: *SCh* 381, 196.

[5] *Ebd.*, 198.

[6] Vgl. *Metaphysik*, XII, 7.

[7] Vgl. Pseudo Dionysius Areopagit, der in seinem Werk *Über die göttlichen Namen*, IV, 12–14: *PG* 3, 709–713 Gott zugleich *Eros* und *Agape* nennt.

[8] Vgl. *Symposion*, XIV–XV, 189c–192d.

[9] Sallust, *De coniuratione Catilinae*, XX, 4.

[10] Vgl. Augustinus, *Confessiones*, III, 6, 11: *CCL* 27, 32.

[11] *De Trinitate*, VIII, 8, 12: *CCL* 50, 287.

[12] Vgl. *I Apologia*, 67: *PG* 6, 429.

[13] Vgl. *Apologeticum* 39, 7: *PL* 1, 468.

[14] *Ep. ad Rom., Inscr.: PG* 5, 801.

[15] Vgl. Ambrosius, *De officiis ministrorum*, II, 28, 140: *PL* 16, 141.

[16] Vgl. *Ep.* 83: J. Bidez, *L'Empereur Julien. Œuvres complètes*, Paris 1960², t. I, 2ª, S. 145.

[17] Vgl. Kongregation für die Bischöfe, Direktorium für den pastoralen Dienst der Bischöfe, *Apostolorum Successores* (22. Februar 2004), 194, Vatikanstadt 2004, 2ª, 205–206.

[18] *De Civitate Dei*, IV, 4: *CCL* 47, 102.

[19] Vgl. Past. Konst. über die Kirche in der Welt von heute *Gaudium et spes*, 36.

[20] Vgl. Kongregation für die Bischöfe, Direktorium für den pastoralen Dienst der Bischöfe *Apostolorum Successores* (22. Februar 2004), 197, Vatikanstadt 2004, 2ª, 209.

[21] Johannes Paul II., Nachsynodales Apostolisches Schreiben *Christifideles laici* (30. Dezember 1988), 42: *AAS* 81 (1989), 472.

[22] Vgl. Kongregation für die Glaubenslehre, *Lehrmäßige Note zu einigen Fragen über den Einsatz und das Verhalten der Katholiken im politischen Leben* (24. November 2002), 1: Verlautbarungen des Apostolischen Stuhls 158.

[23] *Katechismus der Katholischen Kirche*, 1939.

[24] Dekret über das Laienapostolat *Apostolicam actuositatem*, 8.

[25] *Ebd.*, 14.

[26] Vgl. Kongregation für die Bischöfe, Direktorium für den pastoralen Dienst der Bischöfe, *Apostolorum Successores* (22. Februar 2004), 195, Vatikanstadt 2004, 2ª, 207.

[27] Vgl. Johannes Paul II., Nachsynodales Apostolisches Schreiben *Christifideles laici* (30. Dezember 1988), 41: *AAS* 81 (1989), 470–472.

[28] Vgl. Nr. 32: *AAS* 80 (1988), 556.

[29] Nr. 43: *AAS* 87 (1995), 946.

[30] Vgl. Kongregation für die Bischöfe, Direktorium für den pastoralen Dienst der Bischöfe *Apostolorum Successores* (22. Februar 2004), 196, Vatikanstadt 2004, 2ª, 208.

[31] Pontificale Romanum, *De ordinatione episcopi*, 43.

[32] Vgl. Can. 394; *Gesetzbuch der katholischen Ostkirchen*, Can. 203.

[33] Vgl. *Apostolorum Successores*, 193–198, o. c., 204–210.

[34] Vgl. *Ebd.*, 194, 205–206.

[35] *Sermo* 52, 16: *PL* 38, 360.

[36] Vgl. Sulpicius Severus, *Vita Sancti Martini*, 3, 1–3: *SCh* 133, 256–258.

Abkürzungen

AAS = Acta Apostolicae Sedis, Rom 1909 ff.

CCL = Corpus Christianorum seu nova Patrum collectio series Latina. Turnhout/Paris 1953 ff.

PG = Patrologia Graeca, hg. von J. P. Migne, 167 Bde. Paris 1857–66.

PL = Patrologia Latina, hg. von J. P. Migne, 217 Bde. u. 4 Reg.-Bde., Paris 1841–64 (vgl. PLS).

SCh = Sources chrétiennes, hg. von H. de Lubac und J. Daniélou, Paris 1941 ff.

Im Zentrum der christlichen Botschaft

Die erste Enzyklika »Deus caritas est« von Papst Benedikt XVI.

Pressekonferenz des Vorsitzenden der Deutschen Bischofskonferenz, Karl Kardinal Lehmann, am 25. Januar 2006, 13 Uhr, in Mainz zur Veröffentlichung von »Gott ist die Liebe«

Seit mehr als einem halben Jahrhundert wartet man nach dem Amtsantritt eines neuen Papstes gespannt auf die erste Enzyklika. Bei nicht wenigen Päpsten ist, wie oft nachher deutlicher wird, das erste Weltrundschreiben vielleicht nicht gerade eine Programmvorschau, aber eben doch ein bedeutungsvoller Auftakt für das jeweilige Pontifikat gewesen. Dies gilt auf jeden Fall für die Päpste Johannes XXIII., Paul VI. und Johannes Paul II. So war die Spannung auch groß, bis Papst Benedikt XVI. nun am 25. Januar 2006, also heute, seine erste Enzyklika veröffentlicht.
Der Papst hat am 25. Dezember 2005, also genau einen Monat vorher, an Weihnachten, die Enzyklika »Deus caritas est« unterzeichnet. Ihr Inhalt hängt eng mit der Botschaft von Weihnachten zusammen. Die Wahl des 25. Januar hat eine vielfache Bedeutung. Zunächst ist der 25. Januar zeitlich nahe dem Ab-

schluss der schon seit vielen Jahren in den christlichen Kirchen begangenen »Gebetswoche für die Einheit der Christen« (18. bis 25. Januar). Der Papst begibt sich in die Basilika des hl. Paulus außerhalb der Mauern, um – wie er selbst sagt – mit den orthodoxen und reformatorischen Christen zu beten im Sinne eines Dankes für die bisher gelungenen Schritte und zugleich den Herrn zu bitten, dass er uns auch in Zukunft noch mehr der Einheit entgegenführt. Dabei darf man nicht vergessen, dass an diesem Ort und an diesem Tag Johannes XXIII., nämlich am 25. Januar 1959, die Einberufung eines neuen Ökumenischen Konzils verkündete. Schließlich feiert die Kirche am heutigen Tag das Fest »Bekehrung des Apostels Paulus«. Dies erklärt den gewählten Ort, ist aber auch für die ökumenische Dimension der Gebetswoche und auch des früheren Konzilsaufrufes sowie der Enzyklika »Gott ist die Liebe« aufschlussreich: Die Erneuerung der Kirche und der ökumenische Weg der Einheit brauchen zuerst und grundlegend Umkehr und Bekehrung.

Es ist also in vieler Hinsicht ein bedeutungsvoller Tag, wenn der Papst ganz bewusst heute seine erste Enzyklika veröffentlicht. Schon bei der Generalaudienz am 18. Januar, also vor einer Woche, hat er auf den ökumenischen Charakter dieses Schreibens hingewiesen: »Das Thema ist nicht unmittelbar ökumenisch, aber der Rahmen und der Hintergrund sind ökumenisch, weil Gott und unsere Liebe die Bedingung der Einheit der Christen sind. Sie sind auch die Bedingung des Friedens in der Welt.«

Ein weiterer Hinweis für das Verständnis der ersten Enzyklika ist die Pressekonferenz heute um 12 Uhr

in Rom. Der Papst hat drei Mitarbeiter zur Vorstellung bestimmt: Kardinal R.R. Martino, Präsident des Päpstlichen Rates für Gerechtigkeit und Frieden (Iustitia et Pax), Erzbischof W. J. Levada, Präfekt der Kongregation für die Glaubenslehre, und den deutschen Erzbischof P. J. Cordes, Präsident des Päpstlichen Rates »Cor Unum«, also gewissermaßen die drei wichtigen Dimensionen der Enzyklika: den grundlegenden Teil I mit der Darlegung des Wesens der Liebe (Nr. 2–18) und den zweiten Teil (Nr. 19–39), der das Wirken der Liebe entfaltet, und zwar besonders im Sinne der Gerechtigkeit (Nr. 26–28) und der Caritas (Nr. 28–39), wobei der Vollzug der Liebe im Blick auf den Einzelnen, aber auch auf allen Ebenen des kirchlichen Lebens angesprochen wird (vgl. bes. Nr. 32 ff.). Die drei leitenden Mitarbeiter der Kurie, die das Dokument offiziell vorstellen, vertreten also die Grundaussagen der Enzyklika.
Damit ist auch schon der Aufbau der Enzyklika angesprochen. Der Titel einer Enzyklika ist immer identisch mit den ersten Worten des Textes, der in diesem Fall dem ersten Johannesbrief entnommen ist (4,16): »Gott ist die Liebe«. Nach der knappen Einführung (Nr. 1) besteht die Enzyklika aus zwei großen, gleichgewichtigen und auch im Umfang ähnlichen Teilen. Der erste Teil ist eine theologische Grundsatzreflexion, in der nicht nur das Wesen der Liebe, sondern zugleich die innere Verbindung zwischen der Liebe Gottes und der Realität der menschlichen Liebe aufgezeigt werden (Nr. 2–18). Über den zweiten Teil sagt der Papst selbst (Nr. 1, Ende): »Der zweite Teil wird konkreterer Natur sein, denn er soll die kirchliche praktische Umsetzung des Gebotes der Nächstenlie-

be behandeln.« Der Papst weist hier freilich auf die Grenzen einer Enzyklika hin, denn das Thema der Liebe Gottes und der Menschen ist sehr umfangreich. Der Papst wollte aber offenbar auch bewusst mit dem Umfang von ca. 60 kleineren Seiten dem in den letzten Jahren und Jahrzehnten immer größer gewordenen Umfang von Enzykliken Grenzen setzen. Deshalb muss er sich letztlich auch, was in einem Weltrundschreiben aus anderen Gründen angezeigt ist, auf das Wesentliche konzentrieren: »Mein Wunsch ist es, auf einige grundlegende Elemente nachdrücklich einzugehen, um so in der Welt eine neue Lebendigkeit wachzurufen in der praktischen Antwort der Menschen auf die göttliche Liebe.« (Nr. 1, letzter Satz) – Der Schluss (Nr. 40–42) ist dem Zeugnis großer Heiliger und besonders auch der Mutter Maria gewidmet.

Ich kann hier natürlich nicht den Inhalt im Detail vorstellen. Dafür haben Sie eine vom Hl. Stuhl herausgegebene Zusammenfassung, die wir in deutscher Übersetzung, die freilich auf unser Konto geht, Ihnen zur Verfügung stellen können (vgl. *Die erste Enzyklika von Papst Benedikt XVI., »Deus caritas est« über die christliche Liebe*). Ich will aber dennoch Sie ein wenig durch den Text führen, bevor ich eine Würdigung versuchen will.

Der erste Teil mit der grundlegenden Reflexion ist ziemlich anspruchsvoll. Es wäre verlockend, aber verkehrt, daraus nur einige Themen und Sätze herauszubrechen, die ein oberflächliches Interesse erwirken können, also z. B. »Papst-Enzyklika warnt vor Liebe als bloßem Sex«, »Papst verurteilt in Enzyklika Eros ohne Liebe«. Der Papst mutet uns in diesem ersten

Teil nicht nur theologisch viel zu. Man braucht hier Geduld. Der Papst analysiert nach einem Hinweis auf die Vieldeutigkeit des Wortes Liebe den »Eros«, jene Dimension der Liebe, die sich aus der gegenseitigen Anziehungskraft von Mann und Frau ergibt. Hier beschreibt Benedikt XVI. auch mit Worten antiker Dichter und Denker die ganze Macht des Eros, die letztlich – auch noch im Rausch und der »Göttlichen Raserei« – die Vereinigung mit dem Göttlichen will. Die Bibel des Alten und Neuen Testamentes sagt vor allem der zerstörerischen Entstellung der Liebe im Eros den Kampf an. Der Eros bedarf der Zucht und Reinigung, »um dem Menschen nicht den Genuss eines Augenblicks, sondern einen gewissen Vorgeschmack der Höhe der Existenz zu schenken – jener Seligkeit, auf die unser ganzes Sein wartet« (Nr. 4).
Der Eros, den der Papst zu seinem Recht kommen lässt, wird gereinigt und geheilt durch die biblisch und vor allem auch christlich verfasste Liebe (Agape). Hier nimmt Papst Benedikt eine in der Theologie vor allem des 20. Jahrhunderts lange geführte Diskussion über das Verhältnis von Eros und Agape auf. Eine Diskussion, die mit den Namen von S. Kierkegaard, S. Freud und J.-P. Sartre, vor allem aber auch mit dem berühmten Buch des schwedischen Theologen Anders Nygren »Eros und Agape« (2 Bände, Göttingen 1930–1937) verbunden ist. Nygren hat das christliche Grundmotiv der Agape dem Motiv des Eros, worin er vor allem das platonische Denken versammelt sah, gegenübergestellt. Der Papst geht vor allem auf F. Nietzsche ein (vgl. Nr. 3). Aber auf das Hohelied der Bibel (vgl. Nr. 6, 10) eingehend sieht der Papst hier ein differenziertes Verhältnis. Unterscheidungen

von Eros und Agape (vgl. Nr. 6 und 7) sind keine radikalen Gegensätze. Sonst »würde das Eigentliche des Christentums aus den grundlegenden Lebenszusammenhängen des Menschseins ausgegliedert und zu einer Sonderwelt, die man dann für bewundernswert ansehen mag, die aber doch vom Ganzen der menschlichen Existenz abgeschnitten würde. In Wirklichkeit lassen sich Eros und Agape – aufsteigende und absteigende Liebe – niemals ganz voneinander trennen.« (vgl. die schöne Beschreibung in Nr. 7, Mitte)
Dies führt zur Überzeugung, dass die Liebe im Letzten eine einzige Wirklichkeit ist, aber sie hat verschiedene Dimensionen. Wenn diese auseinander fallen, entsteht eine Karikatur oder eine Kümmerform von Liebe. Damit ist auch zum Ausdruck gebracht, dass die Liebe immer einen personal orientierten Charakter haben muss. Sonst ist er in Gefahr, zu entarten. »Der zum ›Sex‹ degradierte Eros wird zur Ware, zur bloßen ›Sache‹; man kann ihn kaufen und verkaufen, ja der Mensch selbst wird dabei zur Ware ... die scheinbare Verherrlichung des Leibes kann ganz schnell in Hass auf die Leiblichkeit umschlagen.« (Nr. 5) Gleichsam zusammenfassend sagt der Papst: »Ja, Eros will uns zum Göttlichen hinreißen, uns über uns selbst hinausführen, aber gerade darum verlangt er einen Weg des Aufstiegs, der Verzichte, der Reinigungen und Heilungen.« (Nr. 5, Ende) Diese Grundstruktur, die vor allem auch philosophische Überlegungen einschließt, wird in der Enzyklika am Gottesbild und am Menschenbild näher exemplifiziert, vor allem im Blick auf das Neue des biblischen Glaubens (vgl. dazu Nr. 9 ff.). In der Menschwerdung Jesu Christi findet dieses Neue »einen unerhörten

Realismus« (vgl. Näheres Nr. 12 ff.). Gerade die Sakramente haben dabei auch einen sozialen Charakter.
Schließlich erweckt der Papst zwei Fragen, ob man nämlich Gott überhaupt lieben kann, den wir doch nicht sehen, und ob man Liebe gebieten kann (vgl. Nr. 16–18). Liebe ist mehr als nur Gefühl. »Gefühle kommen und gehen. Das Gefühl kann eine großartige Initialzündung sein, aber das Ganze der Liebe ist es nicht.« (Nr. 17) Gottes- und Nächstenliebe gehören eng zusammen, sodass der Papst auch sagen kann: »Wenn die Berührung mit Gott in meinem Leben ganz fehlt, dann kann ich im anderen immer nur den anderen sehen und kann das göttliche Bild in ihm nicht erkennen. Wenn ich aber die Zuwendung zum Nächsten aus meinem Leben ganz weglasse und nur ›fromm‹ sein möchte, nur meine ›religiösen Pflichten‹ tun, dann verdorrt auch die Gottesbeziehung. Dann ist sie nur noch ›korrekt‹, aber ohne Liebe. Nur meine Bereitschaft, auf den Nächsten zuzugehen, ihm Liebe zu erweisen, macht mich auch fühlsam Gott gegenüber.« (Nr. 18). (Vgl. hierzu das kleine, längst vergriffene Buch von J. Ratzinger, Die Christliche Brüderlichkeit, München 1960; zurzeit nur in italienischer Sprache erhältlich.)

Der zweite Teil ist gleich zu Beginn in der Übersetzung durch die ungebräuchlich oder missverständlich gewordenen Worte »Liebestun« und »Liebesdienst« belastet (in italienischer Sprache ist dies einfacher, vgl. »l´esercizio dell´amore, la caritá, servizio caritativo, attività caritativa, azione caritativa«). Aber das soll nicht das Verständnis erschweren. Zuerst wird die trinitarische Dimension der Liebe entfaltet (Nr. 20), vor allem aber erscheint die Kirche als Gemeinschaft der Liebe, die freilich in der Verwirklichung verschiedene Organisationsformen verlangt. Aber der Kern bleibt: »Innerhalb der Gemeinschaft der Gläubigen darf es keine Armut derart geben, dass jemandem die für ein menschenwürdiges Leben nötigen Güter versagt bleiben.« (Nr. 20, Ende)

Es wird nun gezeigt, wie dieses »ekklesiale Grundprinzip« (Nr. 21) in der frühen Kirche (Diakonat) verwirklicht wurde, wie es mit der Verkündigung des Wortes und der Spendung der Sakramente bzw. der Feier des Gottesdienstes mit zu den Grundsäulen der Kirche gehört (Nr. 22) und wie es dafür auch schon früh rechtliche und institutionelle Strukturen gibt (Nr. 23 f.). Auch die Gegner der Kirche (vgl. die Rolle von Julian dem Apostaten in der Enzyklika: Nr. 24, 31) haben die Überlegenheit der organisierten und praktisch geübten Nächstenliebe als ein wichtiges Kennzeichen von Glaube und Kirche erkannt. (Dazu viele Belege bei Christoph Markschies, Warum hat das Christentum in der Antike überlebt? = Forum ThLZ.F 13, Leipzig 2004, bes. 42 ff.) Es ist im Übrigen schon früh deutlich geworden, dass die wirksame Erfüllung der Nächstenliebe notwendigerweise auch eine gewisse Organisation voraussetzt. Man muss also deutlich sehen, dass die sublime theologische Vertiefung im ersten Teil eine sehr nüchterne Betrachtung der Verwirklichung dieser Liebe nicht ausschließt, sondern geradezu erforderlich macht. Die praktizierte Nächstenliebe ist jedenfalls ein entscheidendes Kennzeichen der christlichen Gemeinde und der Kirche überhaupt.

Hier sind zwei Erkenntnisse zusätzlich wichtig, nämlich die schon erwähnte enge Zusammengehörigkeit des dreifachen Auftrags der Kirche (kerygma-martyria, leiturgia, diakonia), aber auch die Unentbehrlichkeit der Caritas. Sie »ist für die Kirche nicht eine Art Wohlfahrtsaktivität, die man auch anderen überlassen könnte, sondern gehört zu ihrem Wesen, ist unverzichtbarer Wesensausdruck ihrer selbst« (Nr. 25a). Darum wird auch mit aller Deutlichkeit zur Universalität der Liebe aufgerufen: »Die Kirche ist Gottes Familie in der Welt. In dieser Familie darf es keine Notleidenden geben. Zugleich aber überschreitet *Caritas-Agape* die Grenzen der Kirche.« (25b mit Verweis auf das Gleichnis vom Barmherzigen Samariter, *Lk* 10,31 und *Gal* 6,10)
Die Enzyklika beschäftigt sich immer wieder mit dem Marxismus (vgl. z. B. Nr. 26, 27, 31). In seinem Gefolge werden oft Liebe und Gerechtigkeit gegeneinander ausgespielt. Dies ist zu Beginn der Nr. 26 sehr drastisch formuliert (vgl. den Text). Hier wird auch das Versäumnis der Kirche in der Arbeiterfrage des 19. Jahrhunderts deutlich beim Namen genannt: »Man muss zugeben, dass die Vertreter der Kirche erst allmählich wahrgenommen haben, dass sich die Frage nach der gerechten Struktur der Gesellschaft in neuer Weise stellte. Es gab Wegbereiter; einer von ihnen war zum Beispiel Bischof Ketteler von Mainz († 1877)« (Nr. 27). Daraufhin werden die wichtigsten Sozialenzykliken genannt – bis hin zum *Kompendium der Soziallehre der Kirche*, das im Jahr 2004 vom »Päpstlichen Rat für Gerechtigkeit und Frieden« herausgegeben wurde und im Februar 2006 in deutscher Sprache erscheinen wird (vgl. Einladung zur Presse-

konferenz am 1. Februar in Mainz). Schließlich sagt der Papst: »In der schwierigen Situation, in der wir heute gerade auch durch die Globalisierung der Wirtschaft stehen, ist die Soziallehre der Kirche zu einer grundlegenden Wegweisung geworden, die weit über die Kirche hinaus Orientierungen bietet. Angesichts der fortschreitenden Entwicklungen muss an diesen Orientierungen im Dialog mit all denen, die um den Menschen und seine Welt ernstlich Sorge tragen, gemeinsam gerungen werden.« (Nr. 27, Ende) Die Soziallehre ist also immer auch im Wandel und nie einfach »fertig«, was gewiss nicht heißt, dass sie keine verlässlichen und kontinuierlichen, bleibenden und verbindlichen Grundsätze hätte. Aber die Offenheit unterhalb dieser Prinzipien ist wichtig.

Der Papst erläutert nun in der wohl umfangreichsten Nummer des Textes (Nr. 28) dieses Ringen um Gerechtigkeit und Liebe. Der Unterschied und die Bezogenheit von Politik und Glaube aufeinander werden aufgezeigt. Die Bedeutung des Glaubens wird hervorgehoben. Sie liegt vor allem auch in der Reinigung der Vernunft (vgl. Nr. 28). Hier kommt es zu guten Formulierungen über die Aufgabe der Kirche in Politik und sozialer Gestaltung der Gesellschaft: »Sie (die Kirche) kann und darf nicht sich an die Stelle des Staates setzen. Aber sie kann und darf im Ringen um Gerechtigkeit auch nicht abseits bleiben. Sie muss auf dem Weg der Argumentation in das Ringen der Vernunft eintreten, und sie muss die seelischen Kräfte wecken, ohne die Gerechtigkeit, die immer auch Verzichte verlangt, sich nicht durchsetzen und nicht gedeihen kann ... das Mühen um die Gerechtigkeit durch eine Öffnung von Erkenntnis und Willen für die Erfordernisse des Guten geht sie zutiefst an.« (Nr. 28, Ende von a) Aber gerade so wird auch die Unentbehrlichkeit der Caritas offenkundig: »Liebe ... wird immer nötig sein, auch in der gerechtesten Gesellschaft. Es gibt keine gerechte Staatsordnung, die den Dienst der Liebe überflüssig machen könnte« (28 b). Damit ist auch grundsätzlich die Aufgabe der Kirche bestimmt (vgl. die Formulierungen in Nr. 29, Anfang). In diesem Zusammenhang ist die Rede von der Aufgabe der einzelnen Christen, aber auch von der ureigensten Aufgabe der caritativen Organisationen der Kirche, die ein unmittelbar selbstständiges Subjekt sind. Deutlich sagt der Papst, dass es nie eine Situation geben wird, »in der man der praktischen Nächstenliebe jedes einzelnen Christen nicht bedürfte, weil der Mensch über die Gerechtigkeit hinaus immer Liebe braucht und brauchen wird.« (Nr. 29, Ende)

Nun klärt der Papst die vielfältigen Strukturen des Dienstes der Caritas durch die Kirche im heutigen sozialen Umfeld (Nr. 30), wo es aufschlussreiche Äußerungen zur Rolle der Medien, zur Globalisierung, zur Zusammenarbeit zwischen Staat und Kirche, zum Ehrenamt und auch zur ökumenischen Kooperation gibt. Gleichzeitig wird das spezifische Profil der christlich-kirchlichen Caritasarbeit hervorgehoben (vgl. Nr. 31) (professionelle Kompetenz, Menschlichkeit, Unabhängigkeit, »Proselytismus«). Ausführlich werden auch die Träger des caritativen Handelns der Kirche beschrieben, angefangen vom Päpstlichen Rat »*Cor Unum*« über die Caritasarbeit der Diözesen und Gemeinden bis zu den einzelnen Mitarbeitern (vgl. Nr. 32). Hier wird immer wieder das Direktorium »Apostolorum Successores« der Kongregation für die Bischöfe vom Jahr 2004 erwähnt (demnächst in deutscher Übersetzung, vorbereitet von Prof. Dr. Heribert Hallermann, Univ. Würzburg). Das Programm heißt: »Kirche als Familie Gottes muss heute wie gestern ein Ort der gegenseitigen Hilfe sein und zugleich ein Ort der Dienstbereitschaft für alle der Hilfe Bedürftigen, auch wenn diese nicht zur Kirche gehören.« (Nr. 32) Es wird an die Pflichten aller Amtsträger erinnert. Die besonderen Anforderungen an die Mitarbeiter und Mitarbeiterinnen sind unüberhörbar (vgl. vor allem 34 ff.). Die Unentbehrlichkeit des Gebetes wird herausgestellt (vgl. 36/37). Aber mit aller Deutlichkeit heißt es auch: »Die Frömmigkeit schwächt nicht den Kampf gegen die Armut oder sogar das Elend des Nächsten.« Schließlich wird aufgezeigt, wie Glaube, Hoffnung und Liebe zusammengehören (Nr. 39). Von der Liebe sagt der Papst am Ende der Nr. 39, mit der der zweite Teil schließt: »Sie ist das Licht – letztlich das einzige –, das eine dunkle Welt immer wieder erhellt und uns den Mut zum Leben und zum Handeln gibt. Die Liebe ist möglich, und wir können sie tun, weil wir nach Gottes Bild geschaffen sind. Die Liebe zu verwirklichen und damit das Licht Gottes in die Welt einzulassen – dazu möchte ich mit diesem Rundschreiben einladen.«

Der Schluss (Nr. 40–42) bringt mit eindrucksvollen Hinweisen auf die Heiligen als berühmte Vorbilder gelebter Caritas, angefangen vom hl. Martin bis zur seligen Theresia von Kalkutta, und besonders auf Maria, wie die Gottesmutter vor allem im Magnificat

erscheint, eine lebendige Bestätigung und Bekräftigung des Gesagten.
Die Enzyklika spricht für sich selbst. Die beiden Teile sind bei aller Verschiedenheit eng miteinander verbunden. Das Weltrundschreiben ist wirklich für die ganze Welt geschrieben. Deshalb darf man nicht die Lösung einzelner Probleme in spezifischen Ländern suchen. Es geht dem Papst um die grundlegenden Haltungen des Christen in unserer Welt. Ja, es geht um *die* Grundhaltung schlechthin, nämlich der Liebe. Der Papst geht damit ganz bewusst hinein in das Zentrum der christlichen Botschaft. Am Ende der einleitenden Nr. 1 sagt er auch deutlich, dass dies »eine Botschaft von hoher Aktualität und von ganz praktischer Bedeutung« ist. Er hebt den programmatischen Aspekt der Enzyklika hervor, wenn er seine Absicht sieht, »darin – zu Beginn meines Pontifikats – einige wesentliche Punkte über die Liebe, die Gott dem Menschen in geheimnisvoller Weise und völlig vorleistungsfrei anbietet, zu klären und zugleich die innere Verbindung zwischen dieser Liebe Gottes und der Realität der menschlichen Liebe aufzuzeigen.« (Nr. 1)
Ich bin überzeugt, dass der Papst angesichts der Situation in der Welt und im Blick auf die Chance des christlichen Glaubens ins Schwarze trifft. In diesem Sinne begrüßen wir Bischöfe – aber nicht nur wir – dankbar die Wahl und Durchführung des Themas. Es ermutigt uns, gerade auch in unseren Bemühungen um Gerechtigkeit und Liebe, nicht zuletzt auch angesichts der heutigen Not des Sozialstaates. Die Mitarbeiterinnen und Mitarbeiter der vielfältigen Caritas werden dadurch ermutigt, ebenso alle politisch tätigen Frauen und Männer. Es wird auch deutlich gesagt,

wie die Verantwortlichkeiten in Politik, Gesellschaft und Kirche in ihrer Verschiedenheit und in ihrem Zusammenwirken gesehen werden sollten.

Die Enzyklika schöpft aus der Fülle des christlichen Glaubens. In den knapp 40 Anmerkungen werden die Kirchenväter aus Ost und West, die Päpste des letzten Jahrhunderts, das Zweite Vatikanische Konzil und vor allem die Bibel in beiden Testamenten gehörig zu Wort gebracht. Die Heiligen als Zeugen fehlen nicht. Schließlich werden auch antike Dichter und Schriftsteller (Vergil, Sallust) und große Denker zur Geltung gebracht (Plato, Aristoteles, Descartes, Marx, Nietzsche). Natürlich hat der hl. Augustinus bei dem Papst, der schon seine Doktorarbeit über ihn gemacht hat (vgl. *Volk und Haus Gottes in Augustins Lehre von der Kirche*, München 1954, 2. Aufl., St. Ottilien 1992) und ihn seither ständig begleitet, einen hohen Rang. Auch die Überlegungen der vatikanischen Behörden und Institutionen fehlen nicht. Es ist ein gleichmäßiges Berücksichtigen der Quellen des Glaubens aus Schrift und Tradition, wie in einem bunten, sorgsam gewebten Teppich.

Der Papst hat kein leicht zu lesendes Schreiben hinterlassen, besonders im ersten Teil. Die Sprache ist einfach, aber er verlangt dennoch die Anstrengung des Begriffs. Dies ist eine Herausforderung gegen alle Schlagworte und nimmt uns in Anspruch, große und auch heute aktuelle Tradition zu vergegenwärtigen. Bildung und Kirche gehören von jeher zusammen, auch wenn dies manchmal vergessen wird. Und dies gilt gerade auch angesichts der Nöte unserer Welt.

Über den ökumenischen Aspekt habe ich schon eingangs gesprochen. Dieser Zusammenhang kommt direkt nur an einer Stelle vor (vgl. Nr. 30, Ende), aber es ist wohl überdeutlich geworden, dass diese Enzyklika durch den tiefen Rückgang auf die Bibel und die grundlegende Botschaft, die von den anderen Kirchen wohl nicht sehr verschieden gesehen werden kann, einen radikalen ökumenischen Charakter hat, auch wenn dieser mehr mittelbar in Erscheinung tritt. Auch die Wahl des heutigen Tages spricht ja auch eine eigene Sprache.

Es ist ein theologisch, spirituell, pastoral und sozial tief angelegter Impuls, mit dem der Papst uns für die Sendung in der heutigen Welt mehr Mut machen will. Dafür danken wir ihm.

Die Liebe kann die Welt verändern

Von Weihbischof Dr. Hans-Jochen Jaschke (Hamburg)

Dieser Papst ist für Überraschungen gut. Sein erstes großes Schreiben hat keine trockenen Sachen zum Thema. Wir sollen das Schönste und Größte entdecken, was es überhaupt gibt, die Liebe.

Jeder spürt sie, wir werden hingerissen und überwältigt. Wir erleben die harten Grenzen von Lieblosigkeit. Wir sehen, wie die Liebe ins Gegenteil verkehrt wird. Aber die Liebe bleibt stärker. Sie ist Gotteskraft und hört deshalb niemals auf.

Zerstört die Liebe nicht!

Dazu will uns der Papst ermutigen. Die Liebe ist unerschöpflich. Zu ihr gehört die Ekstase, die Freude, die Lust, das Erotische.
Aber Liebe bleibt mehr als Sex, dazu darf sie nicht degradiert werden, der ganze Mensch hat mit der Liebe zu tun, in seiner Treue und Verlässlichkeit, mit allen guten Kräften, die in ihm stecken.
Liebe ist das Große JA zum anderen, das JA zu mir selbst, weil Gott JA zu uns sagt.

Liebe muss praktisch werden. Sie bewährt sich in der Nächstenliebe, bei den Nahen und Fernen, sie braucht keine großen Worte, sondern das wache Herz und die helfende Hand. Liebe gewinnt Gestalt in der Sorge um eine gerechte Ordnung für die Menschen überall auf der Welt.
Sie kämpft für Gerechtigkeit und geht immer wieder weit darüber hinaus, weil sie keine Grenzen kennt. So bleibt sie die Seele einer menschlichen Welt.

Liebe ist wirklich die Himmelsmacht. Jesus, Gottes Sohn, hat sie uns gezeigt. Im Heiligen Geist wirkt sie als Kraft Gottes unter uns. Gott ist die Liebe. Wer den Nächsten liebt, hat mit Gott zu tun. Wer Gott lieben will, darf den Menschen nicht übersehen. Liebe soll in der Kirche sichtbar werden, sprengt aber immer wieder ihre engen Grenzen.

Mit der Einladung zur Liebe trifft der Papst ins Schwarze. Jeder Mensch kann ihr auf seine Weise folgen. Jeder kann die Liebe bei sich entdecken. Sie bleibt in jedem von uns durch Gott selber garantiert.

Kann es etwas Schöneres geben als die Liebe?

Quellennachweis

Enzyklika *Deus caritas est* von Papst Benedikt XVI. an die Bischöfe, an die Priester und Diakone, an die gottgeweihten Personen und an alle Christgläubigen über die christliche Liebe (Verlautbarungen des Apostolischen Stuhls, Nr. 171. Herausgegeben vom Sekretariat der Deutschen Bischofskonferenz. Bonn 2006). © Libreria Editrice Vaticana. Vatikan 2006

Der Abdruck des Textes *Im Zentrum der christlichen Botschaft* erfolgt mit freundlicher Genehmigung der Deutschen Bischofskonferenz.

Der Abdruck des Textes *Die Liebe kann die Welt verändern* von Weihbischof Dr. Hans-Jochen Jaschke erfolgt mit freundlicher Genehmigung des Autors.

Allen Rechteinhabern sei für die Genehmigung des Abdrucks herzlich gedankt.